般若之光

劉江敬書

般若之光
刘江先生题
中国美术学院教授
西泠印社执行社长

丝路旧影

西湖石窟佛影今昔

重走梁思成之路

何如珍 主编
何鸿 著

中国美术学院出版社

弁言

『重走梁思成之路』源于我与赵一豪先生两家2014年8月上旬的一次日本奈良、京都之行，虽然之前我也去过日本东京、大阪、横滨、京都等地做过文化调查。我们坐在京都南禅寺主殿二楼抚触着八百年的木质柱廊和地板时，想到梁思成先生的建筑情怀，还有他心愿未了的2010年出版至今已经发行四个印刷版次的《佛像的历史》。赵一豪先生对古建有一种独特的情怀和执着！我们约定，他沿着梁思成先生的路走古建保护和营造方向，我则去探寻佛教造像背后的故事，年岁的增长，越来越让我觉得，需要抓紧重走梁思成之路，寻找那一份失落的文化灵魂。

我常常想，需要有多大的魄力和信仰支持，在战火纷飞、炮弹乱串、饥难果腹的年代，踏遍十五个省份、二百余个县，精研二千余座古建筑，还兼涉佛教造像，对一个身染痼疾、一个患有残疾的梁思成、林徽因夫妇而言，我找不出什么词语来形容这种思绪或是精神。但有两个字眼『无私』时时浮现眼前，这也是日本池田大作先生高度评价常书鸿先生的两个字！

1933年，林徽因拄着拐杖，艰难跟在梁思成和刘敦桢身后，去云冈石窟考察，每每看到这幅照片，我总觉得有个声音仿佛在喊：『林女士，跟紧一点，小心被风吹跑了。』这种情状在我眼前浮现了十余年，遍及诸多乡野草村。20世纪前半叶，是中国人文化心灵澄静的时期，无论是保护北京故宫博物院的那些前辈，还是游走在街巷荒野寻找文魂的守望者。

我们没法按梁思成先生的路重走一遍，但先生的文化眼光、文化布施、文化宏愿、文化实践和文化理想等则是最宝贵的精神财富。

目录

杭州古代佛教雕塑造像遗存现状调查

何鸿

1993年，浙江美术学院任道斌教授给我们美术史专业学生上《中国美术史》之『元代美术』课程，带领我们参观吴山宝成寺，那时便被元代喇嘛教『麻曷葛剌』造像强烈的视觉形象所震撼。这也是后来我二十多年陆续关注和收藏藏传佛教绘画唐卡、造像和其他佛教美术文献的重要缘由。三年多来，我带着心灵的渴望，走遍了杭州的山水田埂、街巷寺宇，寻访古遗，拜谒佛迹。也渐渐从古代佛教文献的搜集中找到精神依归。结合自己收藏的一批新中国成立前杭州佛教雕塑影像文献，遍访杭州四面，实地考察佛迹遗存，初成此稿，以飨佛界。文献和实地考察表明：作为独立意义上的杭州地区的佛教雕塑造像是从五代十国之吴越国开始。但作为寺院建筑的佛教文化，在东晋时期已经很繁荣，如灵隐寺、永福寺、天竺寺等。20世纪50年代，浙江美术学院教授史岩先生将杭州佛教造像的分布区域分为南山区、北山区和其他区域。南山区石刻主要包括将台山、玉皇山、慈云岭、南观音洞、石屋洞、烟霞洞、水乐洞、天龙寺等造像。北山区在北高峰和天马山之间的飞来峰一带，宝石山、保俶塔、龙井附近，黄龙洞一带等，其中以飞来峰数量最多。

杭州，山水相依，江湖临偎，钟林毓秀，人杰地灵。古称『钱唐』、『泉亭』、『临安』、『武林』、『钱塘』等，秦设县。最早记录钱唐县地理位置的史籍是南朝钱唐县令刘道真的《钱唐记》：『昔一境逼近江流，县在灵隐山下，至今基址犹在』。《史记·秦始皇本纪》记载：『三十七年十月癸丑，始皇出游……过丹阳，至钱唐，临浙江，水波恶，乃西百二十里，从狭中渡』。唐时置『杭州郡』。宋代欧阳修在《有美堂记》里记载：『钱塘自五代时，不烦干戈，其人民幸福富庶安乐。十余万家，环以湖山，左右映带，而闽海商贾，风帆浪泊，出入于烟涛杳霭之间，可谓盛矣！』

公元1世纪前后佛教传入中国。《后汉书》卷四十二记载：『英（楚王刘英）少时好游侠，交通宾客，晚节更喜黄老，学为浮屠斋戒祭祀。』隋代费长房在《历代三宝记》中记载：『孝桓帝时，以金银作佛形像』。佛教传入浙江地区的确切年代无从考证，但考古学的实物表明，至迟在三国时期，佛教已经传到了江南地区。《三国志·吴

志·刘繇传》记载：丹阳人笮融于献帝初平四年（193年）任下邳相，督三郡漕运。他『大起浮图祠，以铜为人，黄金涂身，衣以锦采，垂铜盘九重，下为重楼阁道，可容三千余人，悉课读佛经』。1955年在江苏南京光华门外赵士岗第7号墓出土了有贴塑佛像的釉陶谷仓罐。在罐腹贴附的模塑图案中，有风鸟、持节仙人、神兽、铺首等，其中一坐佛，头有项光，通肩大衣，衣纹悬垂胸前，坐覆莲座，座两侧伸出龙首。此墓纪年为凤凰二年（273年）。这件烧于浙江越窑的青瓷罐表明三国时期佛教已经传入浙江地区。

杭州辉煌的佛教历史是从吴越国开始。五代吴越国国王钱氏（吴越国，行国年限907—978年，其创建者为临安人钱镠，907年即位，共历三代五王。以杭州为府，占地十三州一军八十六县。含今天浙江省、江苏省、福建省部分地区。）陆续在其统治区内，特别是国都杭州（时称『西府』或『西都』）创建了诸多名刹、佛塔、经幢和摩崖龛像。杭州作为政治之都自然也成了统治阶级弘扬佛教的中心，时有『东南佛国』之誉。吴越国王大兴佛教，和前朝统治者对佛教的态度一样，这对巩固其统治起到了一定的作用。有据可查的吴越国名刹有：钱塘门外昭庆寺、龙井延恩衍庆院、雷峰下显严寺、宝莲山宝仁寺、月轮山开化寺、凤山梵天寺、南高峰荣国寺、孤山玛瑙寺、赤山埠六通寺、高丽寺、吴山海会寺、南屏净慈寺、宝石山崇寿寺、五云山云栖寺、九溪理安寺、灵峰灵峰寺、紫阳山宝成寺、天竺法喜寺、水乐洞净化院、龙山天真寺。吴越国佛塔有六和塔、闸口白塔、保俶塔、雷峰塔、梵天寺经幢、灵隐寺经幢等。佛教寺院的隆兴，也带来了佛教造像的蓬勃发展。

杭州佛教雕塑造像，经历了五代、北宋、南宋，到元代出现高潮，明代逐渐衰落。随唐以来，中国政治中心在中原地带，佛教也逐渐随着政治的稳固繁荣发展。唐代佛教寺院的超高社会地位和极度繁荣，大大影响了国家赋税收入和地主阶层的经济利益，使得寺院、皇室和地主之间发生了激烈矛盾，唐武宗会昌五年（845年）爆发了『灭佛』运动，佛教遭受重创。到五代十国时期，战乱频现。北方政治动荡，社会经济恶化，凿窟造像的盛况已渐萧条。相反，在南方如南唐、吴越、前后蜀，佛教艺术出现了空前的发展态势。原本有佛教基础（『南朝四百八十寺』）的江南一带，到五代两宋时期，佛教中的禅宗思想（主张以清净为宗，修心为主）很快流行起来，这在杭州等地的佛教造像中得到了体现。五代时期，受到挫折的僧侣和地主们思想消沉，面壁坐禅，逐渐有了『顿悟成道』的禅宗思想，而这也正符合他们的心理需求。如在题材方面，罗汉和祖师像等的造像十分流行，不再局限于传统的佛和菩萨造像等。一些地方甚至还出现了冒充『弥勒化身』的布袋和尚像。禅宗思想，在一定程度上改变了原来造像的仪轨约束，出现了许多新格调和新面貌。南高峰翁家山烟霞洞造像（933—977年）、凤凰山西部慈云岭造像等是五代造像中最有时代特点和地域特色的佛教造像。精品佳作不少，如五代吴越时期烟霞洞内壁左右十六罗汉像、慈云岭主龛龛楣上的『飞天』浮雕、地藏像龛楣上的『六道轮回』浮雕等。五代新兴的佛教造像样式，对后世也产生了极大影响。如灵隐飞来峰玉乳洞北宋罗汉、祖师等造像、飞来峰青林洞外的卢舍那佛、龙泓洞的观音坐像等。

北宋时期，虽然政治中心在北方，但杭州佛教依然兴盛，出现了数量不少的佛教造像，如飞来峰玄奘取经组雕、『西方三圣』，烟霞洞宋代观世音立像等。南宋偏安江南，建都杭州，佛教虽没有吴越国时期繁荣，但寺院香火旺盛，造像也出现了新的面貌。如飞来峰布袋弥勒和尚像等。在南宋灭亡（1279年）两年后，蒙古统治者在被占领的南宋故都临安近郊的灵隐飞来峰，又陆续开凿了大量摩崖龛像，规模比前朝更宏大。其中特别值得注意的，有不少作品是时任元朝江南释教都总统的党项人杨琏真伽所造，他是佛教僧侣中较『典型』的人物。当蒙古帝国灭南宋后，忽必烈派他任江淮释教都总统（佛教领袖、僧侣监督等职）来杭州振兴佛教，他恢复了佛教寺院共计三十余所，命令道士为僧达到七八百人；同时也大规模凿作摩崖龛像，杭州再度出现『佛国』盛况。元统治者对南宋故都的眷恋，使得杭州的元代佛教造像异常丰富，成为全国之冠，而灵隐飞来峰便是当时的造像中心，现保存有数量不少的佛教雕塑遗存。据20世纪80年代洪惠镇先生公布的统计数字，飞来峰存五代、宋、元造像280余尊（全国重点文物保护单位统计档案为334尊，115龛）。建造于元代的造像有67龛，大小造像116尊，其中有33龛，46尊为藏传佛教风格造像，62尊为汉式风格造像，8尊为受藏传佛教风格影响的汉式造像。还有一部分造像题记中写有汉文、梵文经咒和赞语。（飞来峰造像部分详情见后附表）

元代灵隐飞来峰摩崖龛像的样式有汉样、梵样两种。元朝对喇嘛教是大力利用和提倡的，他们对西藏民族采取了怀柔政策。1260年忽必烈称帝后，尊喇嘛教为国教，并请吐蕃的八思巴(本名罗古罗思监藏，吐蕃萨斯迦人，今西藏萨迦人。1239—1280年，藏传佛教萨迦派第五祖。『八思巴』意谓『圣者』)出任国师(帝师)，授以释教总统之权。元代喇嘛教造像，大多是随同八思巴前来的尼波罗(今尼泊尔)艺术家阿尼哥（Anigo，1244–1306年，建筑师、雕塑家、工艺美术家，王室后裔）及其门徒汉人刘元和许多蒙藏艺人所造。这种以喇嘛教思想为内容具有喇嘛教形式特征的造像，就是我们平时所说的『梵式』。阿尼哥多才多艺，十七岁就率领工人八十人由尼波罗到西蕃，铸造佛塔，后又随国师八思巴到北京。元世祖设立『梵象提举司』（元代官署），命阿尼哥和汉人刘元领导，梵式喇嘛教造像得到了极大推广。飞来峰喇嘛教『梵式』造像主要分布在冷泉溪南岸的傍溪栈道一带和理公塔、通天洞、呼猿洞附近。熊文彬先生认为主要造像的时间在元至元十九年（1282年）到元至元二十九年（1292年）。代表作有：尊胜佛母像龛（汉文经典称『佛顶尊胜』）、无量寿佛坐像（至元二十六年即1289年杨琏真伽所造）、金刚手菩萨立像（至元二十九年即1292年作）。密理瓦巴一龛，虽已损毁严重，却也是元代梵式造像中的代表。此外，宝莲山宝成寺元至治二年（1322年）伯家奴所造《麻曷葛剌》造像，也是杭州地区元代梵式喇嘛教造像的重要代表。

杭州的佛迹遍及四面山野街巷，远远不止本文中涉及的这些寺院和造像古迹。如余杭区瓶窑南山造像（南山摩崖造像为元代建造，原有大小不等三十余尊。1978年，当地村民炸山取石，毁坏近三分之二，现仅存造像十三尊）等。那些淹没在吴山、玉皇山、凤凰山、南北高峰、半山等草丛中或树林中的破败摩崖造像不计其数，很多难以考证年代和内容。自古繁华之后，悲情再现。文化、历史均未逃过此劫。这也是世道轮回的规律。杭州佛教古遗兴衰的轨迹也渐渐明了。大致规律是五代吴越国时期高潮，两宋延续，元代兵火毁伤，有新建，明清屡建屡毁，太平天国祸残，抗战时期毁伤，『文革』浩劫，改革开放后全面复兴繁荣。对古老佛迹而言，这种『破坏』是毁灭性的，文化一亡，则永无补救。烟霞洞和飞来峰有幸留存下来的古代精美佛教雕塑依然让我们『心』动不已。这是文化和心灵的对话，是超越时空的物语，昭古人之心，显智性佛光。

序号	名称	时代	内容	材质特点	生存状况	分布区域	参考文献	调查时间、调查者	备注
1	灵隐寺	东晋咸和元年（326年）创建。僧慧理建	飞来峰造像（年代跨越五代至明代）。详情见后附表	石刻（石灰岩山体），唐陆羽《灵隐寺记》说：『有僧于岩上周围镌罗汉佛菩萨。』	『文革』期间因周恩来总理指示『封闭』，灵隐寺和飞来峰才免遭浩劫	灵隐山麓	北魏郦道元《水经注》、唐代陆羽《二寺记》、南宋咸淳《临安志》、明代吴之鲸《武林梵志》、明代张瀚《重修灵隐寺记》、清朝康熙《杭州府志》卷三十二《寺观》、清代雍正《西湖志》、清代阮元《两浙金石志》、《西湖石窟》（浙江省文物考古研究所）、1987年《灵隐寺总体规划》、《西湖寺观》（浙江摄影出版社）	2013年，何鸿（中国美术学院副教授，硕士生导师），中国美术学院摄影专业学生李爱玲、格桑（整理）	唐会昌五年（845年）寺毁。吴越拓建，明清两代、近代均遭火灾部分焚毁。新中国成立后，断断续续修缮保护。『文革』中，除灵隐寺外，其他寺庙全部关闭，大多被占被毁，全市被拆毁寺庙共约一百三十余所。市内全部或部分被拆毁寺庙有圣水寺、圣果寺、常寂光寺、理安寺、珍珠寺、戒坛寺、西方庵、仙鹿洞、宝华茅蓬、梵天寺、般若塔院、关帝庙、树德堂、香积寺、白衲寺、玛瑙寺、六通寺、法相寺、高丽寺、鸡鸣寺、集庆寺、衍庆寺、演福寺、七佛寺、夕照寺等二十八所
2	永福寺（又名资岩寺、普元寺等）	东晋咸和元年（326年）首创	北宋时寺内有赵阅道、苏东坡、秦少游等人题画	未详	明清有建有废。古代佛迹基本无存	灵隐以西，傍法云古村	南宋咸淳《临安志》、清康熙《杭州府志》卷三十二《寺观》、清代阮元《两浙金石志》、《西湖石窟》（浙江省文物考古研究所）、《西湖寺观》（浙江摄影出版社）	2013年，何鸿、李爱玲、格桑（整理）	五代时又名普圆寺。据清康熙年间《杭州府志》卷三十二《寺观》载：永福寺坐落于飞来峰呼猿洞对面的形胜山下，旧分上、下两寺，与下天竺（旧称翻经院）等一样，同为慧理禅师开山创建。2001年恢复重建计划。2005年对外开放

3	韬光寺	唐朝	未详	未详	1981－1982年大火毁。2006年整治修缮	灵隐寺西北面巢枸坞	南宋咸淳《临安志》、清代雍正年间《西湖志》、清代阮元《两浙金石志》、《西湖石窟》（浙江省文物考古研究所）、《西湖寺观》（浙江摄影出版社）	2013年，何鸿、李爱玲、格桑（整理）	五代吴越又名广岩庵，宋代又名法安院。
4	上天竺	五代吴越创建，后晋天福四年（939年）僧道翊建，观世音像	后晋香木灵感观音像、明代观音渗金铜像、铜观音、善财、龙女像、铜冶金装卢舍那坐像等	木雕、铜雕等	元代毁于兵火。明清时期屡建屡毁，太平天国时期再毁。古迹基本无存	天竺山麓与白云峰山麓交汇处	宋苏东坡《僧圆泽传》、南宋楼钥《十六观堂记》、宋洪迈《上天竺寺碑》、南宋咸淳《临安志》、明代田汝成《西湖游览志》、明代成化－万历年间《杭州府志》、清雍正《西湖志》、清代阮元《两浙金石志》、《西湖寺观》（浙江摄影出版社）	2013年，何鸿、李爱玲、格桑（整理）	上天竺又名法喜寺。据《汉书·地理志》载：『钱唐有武林山，武林水所出。』《灵山志》称：『宋时定地，以飞来峰之南为天竺，以飞来峰之北为灵隐。因北麓为灵鹫寺，故峰为异其名。』《天竺山志》载，东晋咸和初，慧理来灵隐卓锡，登武林警曰：『此乃中天竺国灵鹫山之小岭，何年飞来此地耶？』
5	中天竺	隋代开皇十七年（597年）创建	南宋时有护法女神摩力支菩萨	未详	元末毁于战乱。明清时期屡建屡毁。古代佛迹基本无存	稽留峰下	宋苏东坡《僧圆泽传》、宋释元复《中竺千岁和尚传赞》、南宋咸淳《临安志》、明代田汝成《西湖游览志》、清代阮元《两浙金石志》	2013年，何鸿、李爱玲、格桑（整理）	中天竺又名法净禅寺。创建者传为中印度高僧宝掌禅师。1986年，中天竺亦由杭州佛教协会收回，倾力重修

序号	名称	时代	内容	材质特点	生存状况	分布区域	参考文献	调查时间、调查者	备注
6	下天竺	东晋创建	宋代有檀香镂金佛、菩萨、罗汉等五十二尊；琥珀雕释迦、文殊、普贤、阿难、迦叶像五尊	木雕、琥珀雕像等	元朝末年被兵火毁	天柱山莲花峰下	宋代苏东坡《僧圆泽传》、明代田汝成《西湖游览志》、《天竺山志》、清代阮元《两浙金石志》、南宋周密《武林旧事》	2013年，何鸿、李爱玲、格桑（整理）	下天竺又称法镜寺，为清乾隆时所赐。2006年开始进行修缮整治
7	崇恩演福寺	隋开皇年间（581–600年）已建。有说开皇十五年建。至宋理宗淳祐八年，复得重兴，赐额为崇恩演福禅寺	未详	未详	寺址现已建成辛亥革命烈士陵园，佛迹湮灭。	龙井东侧凤篁岭脚	明代成化《杭州府志》、《印光法师文钞续编》卷下、《大明高僧传》卷第三。清代阮元《两浙金石志》、《西湖丛书》（杭州出版社）、《杭州文化丛书》（杭州出版社）	2013年，何鸿	崇恩演福寺俗称南天竺。《印光法师文钞续编》卷下：南天竺演福寺者，隋开皇十五年，陈仲宝所建，请真观法师开山。法师钱塘世家范氏子，幼出樊笼，智由天纵，深入经藏，彻悟自心。初谒天台智者大师，大师待以同门之礼，可以想见其道德悟证之高深也。及住此寺，常讲法华，法道之盛，少与相等。故时人语云，天竺有真观，当天下一半。自后沧桑迭变，兴废不一
8	西湖圣因寺	康熙四十六年（1707年）始建，为康熙行宫。清代雍正时改为『圣因寺』	晚唐贯休大师所画十八罗汉刻石。现藏杭州碑林	石质	圣因寺之玉兰堂在清代乾隆年间被改建成文澜阁。1861年太平天国时毁于兵火。现还藏有乾隆年间《青玉罗汉山子》，高19.1厘米	西湖锦带桥西侧，孤山南麓。	《大清一统志》卷二一六，《古今图书集成》职方典第九五零、第九五一，《孤山志》，《佛光大辞典》，清代谢启昆《乙卯新正二日圣因寺行礼遇雪恭纪》、清代阮元《两浙金石志》、《西湖丛书》（杭州出版社）、《杭州文化丛书》（杭州出版社）、王霖《贯休『十六罗汉』——以杭州西湖圣因寺藏本为线索》	庐江草堂藏有一件圣因寺明末清初《观音》造像拓片。（见后图）2013年何鸿根据此拓片调查该碑，未发现踪迹。	西湖圣因寺又称钱塘圣因寺。清雍正《西湖志》卷四：『圣因寺之右接孤山，西麓有高阜如平台，其下为宋时西太乙宫故址，上有挹翠堂、望海阁，今皆无考。雍正八年，总督臣李卫构亭其上，颜曰「西爽」，盖孤山在西湖之西，而亭又在孤山之西，昔人谓：西山朝来致有爽气，当于斯亭得之。』今已不存。《十八罗汉石刻》和乾隆御题手迹尚存

罗汉像 五代十国——吴越
高116厘米
杭州西湖南岸翁家山南山石刻烟霞洞
资料采集《中国美术全集》
黄山书社 2010年

救度佛母 元代
高150厘米
杭州北高峰东南飞来峰呼猿洞西侧
资料采集《中国美术全集》
黄山书社 2010年

序号	名称	时代	内容	材质特点	生存状况	分布区域	参考文献	调查时间、调查者	备注
9	昭庆律寺	五代吴越后晋天福元年（936年）始建。一说宋乾德五年（967年）始建	乾隆十六年（1751年），题『深入定慧』之匾额	石质、金铜等	明代嘉靖年间曾毁。后重建。清康熙三十九年（1700年）烧毁，五十二年重建，即今之诸堂者是。古迹无存，仅剩大殿	杭州府城遵门外（原位于杭州宝石山东面）	《佛祖统纪》卷十、明代张岱《西湖香市记》、明成化《杭州府志》、清代雍正《西湖志》卷十二、清代吴树虚《大昭庆律寺志》、清代《湖山便览》	2013年，何鸿	昭庆律寺原为吴越王菩提院，也名菩提寺。现址为杭州青少年宫广场。民国时期美国传教士费培德摄有昭庆寺旧影。戒坛由方八间之石坛组成，坛上供金色卢舍那佛，四方石壁各刻有十五尊护戒神。寺有天王殿、大雄殿、祖师殿、万寿戒坛、观音殿等
10	虎跑寺	唐朝元和十四年(819年)	未详	未详	南宋时期遭毁，元代重建，明代毁，清代又重建。古迹基本无存	大慈山白鹤峰下	明代吴之鲸《武林梵志》、清代阮元《两浙金石志》、《西湖丛书》（杭州出版社）、《杭州文化丛书》(杭州出版社)	2013年，何鸿	虎跑寺又名定慧寺、大慈定慧禅寺。该寺现无僧侣，为公园对外开放
11	灵峰寺	五代后晋开运年间（944-946年）	未详	未详	古迹基本无存。现寺格局为新中国成立后修建，以梅花取胜	灵峰山麓下青芝坞	明代吴之鲸《武林梵志》、《史记·秦始皇本纪》、宋代钱俨《吴越备史》、清代阮元《两浙金石志》	2013年，何鸿	灵峰寺原名鹫峰禅院，宋时改名。现存有一对联：堂可藏云山开伏虎，泉堪洗钵池有潜龙。寺内外主要有眠云室、来碧轩、掬月泉、罗汉廊、灵峰亭、听泉石等名胜

序号	名称	时代	内容	材质特点	生存状况	分布区域	参考文献	调查时间、调查者	备注
12	净慈寺	五代吴越始建	五代时期十六尊金铜罗汉像、五百罗汉像、千手观音	金铜等	南宋时兵火毁。元明屡建屡毁。1985年大规模重建。寺后有石佛洞，有三尊像，剥落严重，年代不详	南屏山下	熊学鹏《净慈禅寺重修碑记》、刘一清《钱塘遗事》、清代雍正《西湖志》、清代《湖山便览》、《净慈寺志》卷一、清代阮元《两浙金石志》、《西湖寺观》（浙江摄影出版社）、《西湖石窟》（浙江省文物考古研究所）、《西湖丛书》（杭州出版社）、《杭州文化丛书》（杭州出版社）	2013年，何鸿	净慈寺宋代又名报恩光孝禅寺。清代雍正《西湖志》卷三：『南屏山在净慈寺右，兴教寺之后，正对苏堤，寺钟初动，山谷皆应，逾时乃息。盖兹山隆起，内多空穴，故传声独远，响入云霄，致足发人深省也』。《湖山便览》卷七：『南屏晚钟亭，在寺门，面临万工池。康熙三十八年圣祖御书四字为十景之一，恭摹勒石建亭于此』。《净慈寺旧志》载：钟楼高十余丈，住持夷简复建。以旧钟小，乃聚铜二万余斤铸钟，悬其上撞之，声闻远壑』
13	清涟寺	南齐建元年间（479—482年）始建	未详	未详	寺废，古迹无存	北高峰和葛岭之间	南宋时周密《武林旧事》、黄忏华《西湖散记》、清代阮元《两浙金石志》、《西湖丛书》（杭州出版社）、《杭州文化丛书》（杭州出版社）	2013年，何鸿	清涟寺后晋时又名净空寺，后又名玉泉寺。现为杭州植物园所在地。古诗『寺古碑残不记年，池清景媚且留连。金鳞惯爱初斜日，玉乳长涵太古天。投饵聚时霞作尾，避人深处月初弦。还将吾乐同鱼乐，三复庄生濠上篇』，便是当年泉池鱼乐的生动描绘

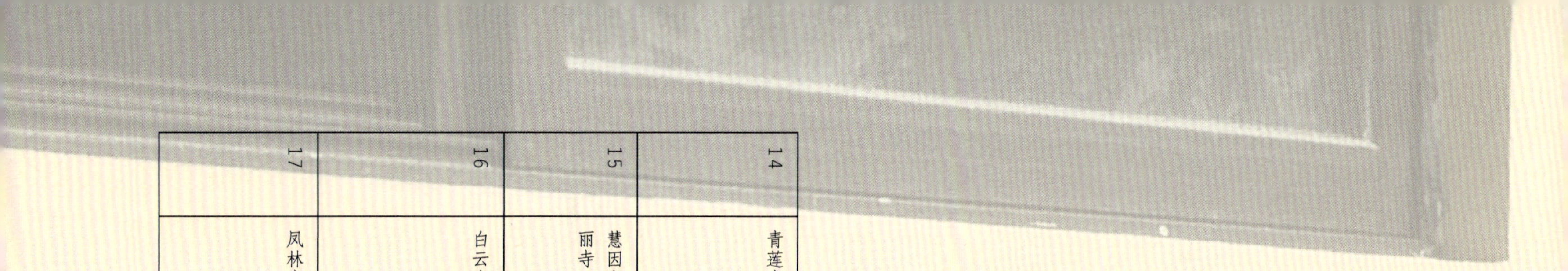

14	青莲寺	明末清初始建	未详	未详	1919年维修，『文革』时期大部分建筑被毁。古迹基本无存	超山北麓	清代王同《唐楼志》、《西湖丛书》（杭州出版社）、《杭州文化丛书》（杭州出版社）	2013年，何鸿	《唐楼志》载：（青莲寺）『门径幽寂，春时桃花，夏熟杨梅，门内池治水味清冽，有桂花一株，山茶一株皆前朝物也。』1992年恢复开放
15	慧因高丽寺	宋代始建。一说后唐天成二年（927年）始建	未详	未详	2007年复建完成。古迹基本无存	城西筲箕湾西北赤山埠	明代吴之鲸《武林梵志》、明代张岱《西湖梦寻》、鲍志成《高丽寺和高丽王子》	2013年，何鸿	《西湖梦寻》记载，延祐四年（1317年），高丽驸马都尉沈王璋奉诏进香幡经于此
16	白云庵	南宋始建。乾隆二十二年（1757年）圣驾临御，题『漪园』为题	未详	未详	庵已废，址还存。但佛迹无存	今西子宾馆（汪庄）之地	清代《湖山便览》卷七、清代阮元《两浙金石志》、《西湖丛书》（杭州出版社）、《杭州文化丛书》（杭州出版社）	2013年，何鸿	白云庵原名大晋宁寺。清《湖山便览》卷七：『明末为白云庵，岁久复圮。国朝雍正间郡人汪献珍重加葺治，易名慈云，增构亭榭，杂莳卉木，沿堤为桥，以通湖水。』
17	凤林寺	宋朝始建	未详	未详	1955年全部拆除，古迹无存	葛岭西面	明代吴之鲸《武林梵志》、清代阮元《两浙金石志》、《西湖丛书》（杭州出版社）、《杭州文化丛书》（杭州出版社）	2013年，何鸿	凤林寺又称喜鹊寺。今杭州香格里拉饭店西楼所在地。俞樾题杭州西湖凤林寺：『是无远虑，颠倒梦想；皆大欢喜，信受奉行。』

观世音菩萨
高186厘米
五代十国——吴越
杭州西湖南岸慈云岭资延寺
资料采集《中国美术全集》
黄山书社 2010年

序号	名称	时代	内容	材质特点	生存状况	分布区域	参考文献	调查时间、调查者	备注
18	集庆寺	宋理宗淳祐十年（1250年）始建。集庆寺又名显庆寺，全称显慈集庆讲寺	牟振宇在南宋临安城寺庙分布研究中言：历经三年建成殿宇壮丽，甲于灵隐、天竺。寺有回通堂、西方殿、禅观阁、法轮宝藏殿等八十余所。	未详	元季毁，明洪武二十七年重建。『文革』期间被毁	积庆山至九里松的黄泥岭上	南宋周密《癸辛杂识》别集下《阁寺》，明代田汝成《西湖游览志馀》第十四卷，明代张岱《西湖梦寻》，张京元《九里松小记》，《大明高僧传》，清代阮元《两浙金石志》，《西湖丛书》（杭州出版社），《杭州文化丛书》（杭州出版社）	2013年，何鸿	《西湖游览志馀》载，嘉定年间（1208—1224年），宋室评定出禅院五山十刹和教院五山十刹：以馀杭径山寺，钱唐灵隐寺、净慈寺，宁波天童寺、育王寺，为禅院五山。钱塘中天竺寺，湖州道场寺，温州江心寺，金华双林寺，宁波雪窦寺，台州国清寺，福州雪峰寺，建康灵谷寺，苏州万寿寺、虎丘寺，为禅院十刹。以钱唐上天竺寺、下天竺寺，温州能仁寺，宁波白莲寺，为教院五山。钱唐集庆寺、演福寺、普福寺，湖州慈感寺，宁波宝陀寺，绍兴湖心寺，苏州大善寺、北寺，松江延庆寺，建康瓦楞寺，为教院十刹。杭州律院，则昭庆寺、六通寺、法相寺、菩提寺、内外灵芝寺，不在五山十刹之列。
19	南屏兴教寺	北宋开宝五年（972年）始建	南屏兴教寺有齐云亭、清旷楼，米元章书『琴台』及唐人摩崖等。后人于石傍刊『右司马温公书』六字，其实非公书也	未详	未详	南屏山麓	宋代叶绍翁《四朝闻见录·南屏兴教摩崖》，明代吴之鲸《武林梵志》《释氏稽古略》卷四，清代阮元《两浙金石志》，《西湖丛书》（杭州出版社），《杭州文化丛书》（杭州出版社）	2013年，何鸿	南屏兴教寺原名善庆寺。《四朝闻见录·南屏兴教摩崖》：『今南屏山兴教寺摩崖，《家人》卦，《中庸》，《大学》篇，司马公书，《新图经》不载。』宋代苏轼在杭州南屏兴教寺放生池畔观鱼时曾作诗曰：『我爱南屏金鲫鱼，重来拊槛散斋余。还从旧社得心印，似省前生觅手书。』

大势至菩萨
高 185 厘米
五代十国——吴越
杭州西湖南岸慈云岭资延寺
资料采集《中国美术全集》
黄山书社 2010年

序号	名称	时代	内容	材质特点	生存状况	分布区域	参考文献	调查时间、调查者	备注
20	法相寺	后晋天福四年（939年）吴越国王建。此前，后唐天成二年（927年）为法相院。又名长耳相寺	未详	未详	明代屡建屡毁。1949年在六通——法相寺旧址上建六通招待所	五老峰下三台山东麓法相巷村	明代吴之鲸《武林梵志》、清代阮元《两浙金石志》、《西湖丛书》（杭州出版社）、《杭州文化丛书》（杭州出版社）	2013年，何鸿	《法相寺小记》载：『法相寺不甚丽，而香火骈集。定光禅师长耳遗蜕，妇人谒之，以为宜男，争摩顶腹，漆光可鉴。寺右数十武，度小桥，折而上，为锡杖泉。涓涓细流，虽大旱不竭。经流处，僧置一砂缸，挹注供爨。久之，水土锈结，蒲生其上，厚几数寸，竟不见缸质，因名蒲缸。倘可铲置研池炉足，古董家不秦汉不道矣。』
21	六通律寺	后汉乾祐二年（949年）始建	未详	未详	明嘉靖年间寺废，万历年间重建。现为六通宾馆所在地	五老峰下三台山东麓法相寺边	宋咸淳《临安志》、明代吴之鲸《武林梵志》、清代阮元《两浙金石志》	2013年，何鸿	六通律寺又名六通寺，原名六通慈德院。咸淳《临安志》卷七十八：『乾祐二平，吴越王建。』
22	龙井寺	后汉乾祐二年（949年）始建，时为报国看经院	未详	石灰岩	建国后废寺，2005年重修。寺后道旁有摩崖龛，为南宋嘉定年间（1208-1224年）设	龙井村西北落晖坞内	明代吴之鲸《武林梵志》、清康熙《杭州府志》、《西湖丛书》（杭州出版社）、《杭州文化丛书》（杭州出版社）	2013年，何鸿	龙井寺，北宋又称寿圣院，南宋时改称龙井延恩衍庆寺。明代正统年间，浙江总督李德在风篁岭龙井亭旁修建龙井寺，称为新龙井寺或龙井寺，将广福院称为老龙井寺，于是龙井寺有了新老之分

序号	名称	时代	内容	材质特点	生存状况	分布区域	参考文献	调查时间、调查者	备注
23	报恩寺	唐代贞元年间（785-805年）始建	未详	未详	今万松书院是在宋代报恩寺旧址上建立	万松岭	明代吴之鲸《武林梵志》、清康熙《杭州府志》	2013年，何鸿	万松书院建于明弘治十一年（1498年），由浙江右参政周木所建。唐时白居易、宋时苏东坡也常来报恩寺
24	圣果寺	隋文帝开皇二年（582年）首创	五代吴越国时期（后梁开平四年910年）钱镠造弥陀、观音、大势至三圣像及十八罗汉（宋代），人称「三佛石」，每尊高六米	石质雕刻。本尊阿弥陀佛高6.2米，左胁侍观世音和右胁侍各5.10米高，须弥座高2.50米。罗汉最高0.92米，最小0.60米	整体建筑于清咸丰时毁，1937年日本侵略中国开始逐渐荒废。现存三佛只有影迹，基本毁坏。留存的衣纹还能想见当年的佛教盛世。罗汉像损毁严重。现存十七尊	凤凰山南麓笤帚湾内山坞	明代吴之鲸《武林梵志》、清康熙《杭州府志》、清代阮元《两浙金石志》、《西湖石窟》（浙江省文物考古研究所）、《西湖寺观》（浙江摄影出版社）、《西湖石窟》（浙江省文物考古研究所）、《西湖丛书》（杭州出版社）、《杭州文化丛书》（杭州出版社）	2013年，何鸿、赵一豪、臧志成	圣果寺又名胜果寺、崇圣寺。唐代释处默、宋代王安石、宋代苏轼、明代樊良枢、明代大壑、清代厉鹗、清代王守仁、清代乾隆、王文治等均有题记诗文
25	梵天寺	五代吴越国武肃王钱弘俶始建	吴越王钱弘俶建陀罗尼经幢于寺门，浮雕，塑像今残存。由基座，幢身，腰檐，短柱层及幢项五部分组成	太湖石质，高15.76米。基座雕有覆莲、蟠龙、菩萨像等	元时被毁，明重建	凤凰山东麓梵天寺路	宋代钱俨《吴越备史》、宋代沈括《梦溪笔谈》、清康熙《杭州府志》、《西湖寺观》（浙江摄影出版社）、《西湖石窟》（浙江省文物考古研究所）、《西湖丛书》（杭州出版社）、《杭州文化丛书》（杭州出版社）	2013年，何鸿	梵天寺原名南宝塔寺、罗汉寺。据《吴越备史》载，梁贞明二年（916年），钱镠迎鄮县（今鄞县）阿育王寺释迦舍利塔到杭州，建城南塔珍藏。后城南塔毁于火。乾德三年（965年），吴越国王钱弘俶重建，后改名梵天寺（治平年间1064-1067年改名）。基座上是八角形幢身，南侧一幢刻佛教《大佛顶陀罗尼经》，北侧一幢刻《大随求即得大自在陀罗尼经》。沈括《梦溪笔谈》记载：钱氏据两浙时，于杭州梵天寺建一木塔，方三两级，钱帅登之，患其塔动。匠师云：未布瓦，上轻，故如此

26	栖云寺	南北朝陈宣帝太建六年（574年）建	未详	未详	『文革』时被毁。现已修复开放	凤凰山龙华山	明代吴之鲸《武林梵志》、清康熙《杭州府志》	2013年，何鸿	栖云寺原为栖云庵。南宋时，此地为百花公主栖居地。有『江干三大寺（圣果寺、梵天寺、栖云寺）』之誉
27	褒亲崇寿教寺	南宋始建	未详	未详	未详	凤凰山北麓方家峪	南宋周密《武林旧事》、清康熙《杭州府志》	2013年，何鸿	褒亲崇寿教寺也称刘娘子寺，位于贵妃香火院
28	理安寺	五代吴越国始建	未详	未详	2001年改造重建	六和塔西北面九溪烟树景区	明代吴之鲸《武林梵志》、清康熙《杭州府志》、《西湖丛书》（杭州出版社）、《杭州文化丛书》（杭州出版社）	2013年，何鸿	理安寺又名法雨寺、涌泉禅院。南宋理宗时改名为『理安寺』。《武林梵志》记载：理安寺『七峰环绕，双涧合流，境地优胜，视两峰、三竺，又一奇矣』
29	真际寺	五代时后周显德三年（956年）始建	造有阿弥陀佛、观音、大势至西方三圣像，旁有十八罗汉造像	未详	现剩遗址	九溪西面五云山	明代田汝成《西湖游览志馀》、清康熙《杭州府志》、《西湖丛书》（杭州出版社）、《杭州文化丛书》（杭州出版社）	2013年，何鸿	真际寺又名真际院
30	宝成寺	吴越时始建。元至治二年（1322年）	五代时『三方佛』、藏传莲花生大士像、元代麻曷葛剌造像。龛高2.45米，宽4.10米。麻曷葛剌造像高1.38米	石刻，石灰岩。主体基本完整。宝成寺麻曷葛剌造像旁有一条题刻记载：『朝廷差来官骠骑卫上将军左卫亲军都指挥使伯家奴，发心喜舍净财，庄严麻曷葛剌圣相一堂，祈福保佑宅门光显，禄位增高，一切时中，吉祥如意者，至治二年□月□日立石。』	麻曷葛剌造像，左有文殊骑狮，右有普贤骑象。另有明代十八罗汉（从寺外征集而来）。明万历四十五年重修文殊和普贤菩萨。碑刻原嵌在左壁，今已失	西湖东南吴山景区紫阳山（也称宝莲）山麓	清康熙《杭州府志》、《西湖寺观》（浙江摄影出版社）、《西湖石窟》（浙江省文物考古研究所）。李翊灼著《西藏佛教史》（1933年初版）。	2013年09月24日，何鸿	宝成寺又称释迦院，北宋时改名宝成寺。2007年宝成寺全面修复。今年9月起又大修三月，因此无缘进入寺内。二十年前的1993年，任道斌老师带领我们考察宝成寺造像，记忆深刻。『麻曷葛剌』是密宗护法神『大黑天』的梵文音译，汉文佛经也译作『摩诃迦罗』。按佛教密宗的说法，佛祖如来（释迦牟尼）在降伏妖魔时总要显现狰狞怒相以为震慑，麻曷葛剌就是大日如来降妖时所现的形象。元朝时，朝廷风气尚武，推崇佛教密宗，尊『大黑天』为战神，每次征战前必作祭祀

序号	名称	时代	内容	材质特点	生存状况	分布区域	参考文献	调查时间、调查者	备注
31	海会寺	吴越时始建	未详	未详	南宋时废，元代再建。明代成化年间、清雍正又修	吴山东南石佛山（城隍山）	清代《湖山便览》、清康熙《杭州府志》、《西湖丛书》（杭州出版社）、《杭州文化丛书》（杭州出版社）	2013年，何鸿	海会寺，北宋时改称积善海会寺。也称石佛智果寺
32	佛惠禅寺	五代后晋天福七年（942年）始建	未详	未详	未详	秦亭山下	《西湖寺观》（浙江摄影出版社，2011年），清康熙《杭州府志》	2013年，何鸿	明代文征明曾夜访佛惠禅寺，并留诗一首
33	广寿慧云禅寺	南宋淳熙十四年（1187年）始建，俗称张家寺，又称南湖寺	未详	未详	元至正年间毁。明代洪武永乐年间重建。清代咸丰年间毁，同治时又复建。古迹基本无存	艮山白洋池	明代吴之鲸《武林梵志》卷一《城内梵刹》『广寿慧云禅寺』条，清代丁丙、孙峻《广寿慧云寺志》、《西湖丛书》（杭州出版社）、《杭州文化丛书》（杭州出版社）	2013年，何鸿	明末吴用先《重复慧云寺建宣义张公祠碑》中说，南湖，俗称白洋池者，亦不知何时并入民居。《杭州坊巷志节要》：宋张功甫舍宅为寺，绍熙元年，赐额广寿慧云寺。寺内有水星阁，以禳杭城火灾，地以阁名。慧云寺碑，1963年公布为杭州市第一批重点文物保护单位

罗汉像
高98厘米
五代十国——吴越
杭州西湖南岸翁家山南山石刻烟霞洞
资料采集《中国美术全集》
黄山书社 2010年

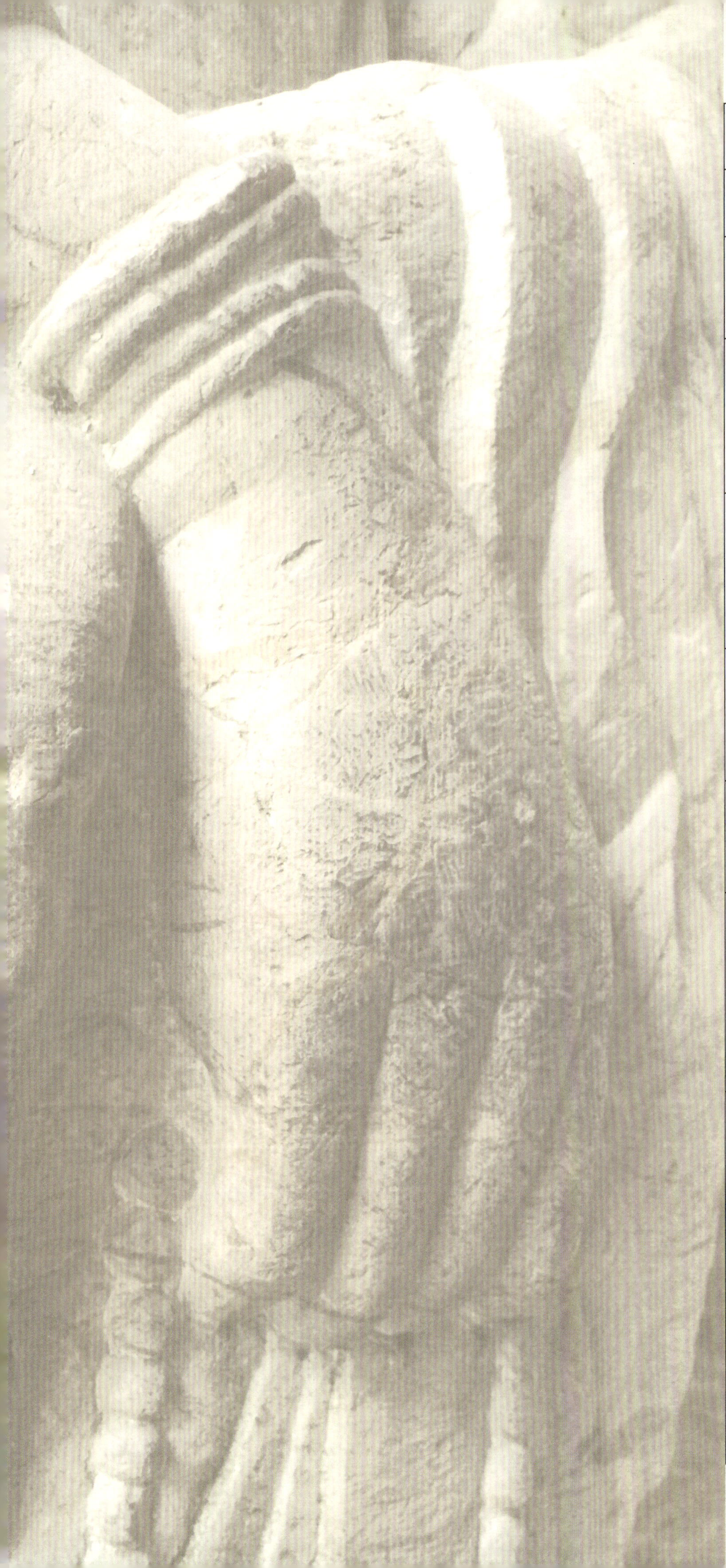

序号	名称	时代	内容	材质特点	生存状况	分布区域	参考文献	调查时间、调查者	备注
34	法华寺	始建于东晋初年。明代重建	未详	未详	20世纪末开始修缮重建	北高峰北侧西溪东岸法华山下	《杭俗遗风》、清康熙《杭州府志》、《西湖丛书》(杭州出版社)、《杭州文化丛书》(杭州出版社)	2013年，何鸿	法华寺实为云栖寺的别院。《西溪志》载：有晋法华僧在此结庐修念法华经，显现灵异，乃称此山为法华山。东晋昙翼法师于此诵法华经十二载，遂感普贤菩萨现法相，凌其空，郡太守孟公奏请朝廷，敕建法华寺以表之
35	潮鸣寺	五代后梁贞明元年(915年)钱氏建	未详	未详	资料不详。古迹基本无存	庆春路北潮鸣寺巷	明代吴之鲸《武林梵志》、清康熙《杭州府志》、《西湖丛书》(杭州出版社)、《杭州文化丛书》(杭州出版社)	2013年，何鸿	初名『归德院』。宋高宗南渡时，曾驻跸寺中，夜闻江涛声，以为金兵追至，大骇，已而问知乃钱江潮声，乃赐以『潮鸣寺』额
36	法惠寺	五代吴越王钱氏始建	未详	未详	在吴山顶『有美堂』，古迹基本无存	原在清波门外，后迁吴山小井巷	明代吴之鲸《武林梵志》、清康熙《杭州府志》、《西湖丛书》(杭州出版社)、《杭州文化丛书》(杭州出版社)	2013年，何鸿	旧名兴庆寺。宋治平二年(1065年)改法慧寺。宋代苏东坡在杭州作通判时，作《法惠寺横翠阁》一诗

37	弥陀寺	清朝光绪年间始建	未详	现存弥陀经摩崖石刻，高4米多，长达30米，字大几寸	太平天国时毁。『文革』时也毁掉了一批佛像。现还存有藏经楼、天王殿、正殿	宝石山余脉弥陀山，今浙江省政府西北面	印光大师《杭州石经山弥陀寺募修葺殿堂寮舍并浚放生池疏》、《西湖丛书》（杭州出版社）、《杭州文化丛书》（杭州出版社）	2013年，何鸿	《名山游访记》中记道：『初十日。二十里经龙居坞。有二茅篷，尼僧居老东岳，香客颇多。三里秦亭山。五里松木场弥陀寺，内有崖壁，石刻大字《弥陀经》全部，沈善登书。里许昭庆寺，殿宇宏大，古燃灯佛降生地，有戒坛。山门外对西湖。』
38	清化寺	南宋时已有清化寺	未详	未详	资料不详。古迹基本无存	龙归坞（今龙驹坞）内	《西湖寺观》（浙江摄影出版社，2011年）、《西湖丛书》（杭州出版社）、《杭州文化丛书》（杭州出版社）	2013年，何鸿	清化寺又名龙归院。传说高宗赵构传旨改为『龙归院』
39	永兴寺	大唐贞观三年（629年）始建	未详	未详	旧址在西湖高级中学内。永兴寺于1958年倾毁。现永兴寺于2006年12月恢复开放。古迹基本无存	留下安乐山下杨家牌楼	《永兴寺志略》、《西湖寺观》（浙江摄影出版社，2011年）、《西湖丛书》（杭州出版社）、《杭州文化丛书》（杭州出版社）	2013年，何鸿	高僧悟明开建。后晋高僧大章法师在此诠译《法华经》。《西溪志》记载『千年灵隐，八百报光，永兴寺盖唐时兴也』。据《永兴寺志略》记载，明万历举人李流芳在《题永兴兰若图册子》中写道：『自云栖翻白沙岭至西溪，夹路修篁，行云山间，凡十里至永兴，山水夷旷平畴，远村幽泉，老树点缀，各各成致。自永兴至岳庙，又十里梅花，绵亘村落，弥望如雪。』

序号	名称	时代	内容	材质特点	生存状况	分布区域	参考文献	调查时间、调查者	备注
40	交芦庵佛迹	南宋绍兴年间建	未详	未详	古迹基本无存	西溪湿地	明朝《历代游记选》之《西溪记》、《名人笔下的老杭州》、《西湖丛书》（杭州出版社）、《杭州文化丛书》（杭州出版社）	2013年，何鸿	又名芦庵、正等院、正等庵，宋绍兴年间（1131-1162），侍卫马军司驻屯于杭州西溪湿地一带，因奉祀所需，于龙驹坞建正等院。明末董其昌题『茭芦庵』
41	冠山寺	南宋咸淳元年（1265年）建	未详	未详	冠山禅寺毁于20世纪60年代。现存建筑为20世纪80年代后新建	滨江区长河镇	清代乾隆《萧山县志》、清朝来禹志《冠山志》、《西湖丛书》（杭州出版社）、《杭州文化丛书》（杭州出版社）	2013年，何鸿	又名西隐庵。后又称云岩寺、冠山禅寺。清代乾隆《萧山县志》载：『冠山寺在冠山下，南宋咸淳中建。寺西有西方殿……其前为雪心池。』清朝来禹志《冠山志》称：旧时冠山寺有天王殿、大雄宝殿、三圣殿，还有藏经阁、蓬莱阁、天凤阁、议法部、鼓楼、钟楼、普济亭、白云堂、客堂等建筑
42	白龙寺	北宋熙宁年间（1066-1070年）始建	未详	未详	寺宇历经沧桑，时毁时建。『文革』时有毁。20世纪80年代开始修缮，开放	萧山航坞	明代《会稽志》。《西湖丛书》(杭州出版社)、《杭州文化丛书》（杭州出版社）	2013年，何鸿	明代《会稽志》记载，白龙寺位于萧山市东南四十里航坞山上巅，山北临钱塘江，登顶可望及海宁县，航坞山又名『王爬山』。现存寺内庙碑《白龙寺重建碑记》（清同治八年沈成烈撰）所载，在大宋熙宁间，龙光法师云游此山，见岭上有白龙呈现，遂结茅其上，募创寺宇，供奉观音大士以及白龙像，因此白龙寺名焉。

43	中印寺	隋朝开皇年间始建	未知	未知	新中国成立初期毁，1953年修复重建。『文革』期间又毁	灵隐小西天景区	《联谊报》（2011年8月27日）、《西湖丛书》（杭州出版社）、《杭州文化丛书》（杭州出版社）	2013年，何鸿	又称古天竺中印寺。1992年重建至今开放
44	云栖寺	北宋乾德五年（967年）始建，吴越王为大扇和尚志逢禅师建造	未知	未知	尚有清末禅舍留存，但古佛迹无存	五云山西麓云栖坞内	莲池大师《往生集》、《净土圣贤录》、《居士传》、《西湖丛书》（杭州出版社）、《杭州文化丛书》（杭州出版社）	2013年，何鸿	云栖寺北宋称栖真院。明代隆庆年间（1567-1572年）出土残碑一块，知晓云栖寺在此。厉鹗游云栖曾作《宿云栖寺》。20世纪60年代原寺址辟为杭州市工人休养院，寺院建筑基本不存，寺前冲云楼、舒篁阁也陆续辟为茶室
45	大佛寺	宋代宣和六年（1124年）思净和尚造	大佛头、佛像残迹（院后有摩崖龛像多处，其间有明洪武年间造像）。石佛高度众说纷纭，有高8.4米、高3米、高9米、高11米多种说法。宋代八角形铺砖图案地墁留存	石质	元代至正年间毁损严重。	宝石山南麓	南宋周密《武林旧事》、元代陶宗仪《辍耕录》卷二十三、《西湖高僧事略》、《西湖石窟》（浙江省文物考古研究所），近人王韬在《漫游随录》中谈到：『佛只半身，而大已塞殿』。《西湖丛书》（杭州出版社）、《杭州文化丛书》（杭州出版社）	2013年，何鸿	北宋宣和年间（1119-1125年）僧人思净将此石凿成半身佛像。据地方志记载，五代后周显德三年（956年）吴越王钱俶在此建寺院，琢二石佛，曰『二尊殿』。宋宣和初毁。宣和六年（1124年）有妙行寺僧思净，就石建大佛半身，布以黄金，构殿覆之，名为『大石佛院』。后代屡毁屡建。南宋周密《武林旧事》记载：『宣和中，僧思净就石镌成大佛半身。』

序号	名称	时代	内容	材质特点	生存状况	分布区域	参考文献	调查时间、调查者	备注
46	仁王寺	五代吴越国始建	吴越国雕刻西方三圣等像，两侧为智者大师、修行大师坐像	石质	清代咸丰年间毁于太平军兵火。1992年被列为杭州文保单位	紫阳山南麓	《临安志》、《钱塘县志》、《西湖志》、《杭州府志》	2013年，何鸿	仁王寺又名仁王讲寺、石佛院。今存吴越国时石佛院造像三龛五尊。中间三圣像之阿弥陀佛高六米，左为大势至，右为观音菩萨，风化毁损严重
47	香积寺	北宋天平兴国三年（978年）始建	清朝康熙五十二年（1713年），建两座宝塔	石质	元末火毁。后屡建屡毁。1968年东塔被毁，仅存西塔。旧有佛迹无存	拱墅区香积寺巷	《西湖游览志》、《武林梵志》、《西湖寺观》（浙江摄影出版社）、《西湖丛书》（杭州出版社）、《杭州文化丛书》（杭州出版社）	2013年，何鸿	原名兴福寺。塔第三层东面塔檐下题有『慈云』二字，其上款为『大清康熙癸巳季春吉旦，弘法沙门实澄新建』
48	护国仁王禅寺	南宋建	石像	石头	明代屡建屡毁。清代改建成道观。『文革』时石佛像被毁	黄龙洞附近，保俶塔之阴扫帚坞	南宋咸淳《临安志》、《钱塘县志》、《西湖志》、《杭州府志》	2013年，何鸿	护国仁王禅寺原名护国龙祠。该寺从淳祐五年（1245年）赐额至今已有755年，几经毁建
49	慈云岭造像	五代吴越（天福七年即942年）始造	主龛有七尊像：中为弥陀，左为观世音，右为大势至，两侧有菩萨和天王各两尊。小龛坐北朝南，为地藏菩萨，两侧为供养人像	石刻，石灰岩	造像大部分保存完好，『文革』期间部分佛像头部、手部等遭到破坏，后用水泥代塑，实为可惜	凤凰山西部，玉皇山北麓	南宋咸淳《临安志》卷八十二。明代田汝成《西湖游览志》、《西湖石窟》（浙江省文物考古研究所）、《西湖丛书》（杭州出版社）、《杭州文化丛书》（杭州出版社）	2013年，何鸿	慈云岭造像原属资贤寺，后又称上石龙永寿院。1961年公布为浙江省文物保护单位。造像为石雕，有晚唐遗风，『袭唐启宋』。主龛左侧一碑，碑文为《佛牙赞》。并有『新建镇国资延退龄石像之记』十二字篆额，碑记被北宋惟性和尚磨去，改刻『佛牙赞』。出前门有『佛法僧』摩崖石刻三字
50	紫来洞	清代建	佛道共存	泥塑	『文革』时被毁，古迹基本无存	玉皇山	《玉皇山庙志》、《西湖丛书》（杭州出版社）、《杭州文化丛书》（杭州出版社）	2013年，何鸿	紫来洞原名飞来洞。满洞荒废黑阴，人迹罕至，洞外游人如织，热闹非凡，反差极大

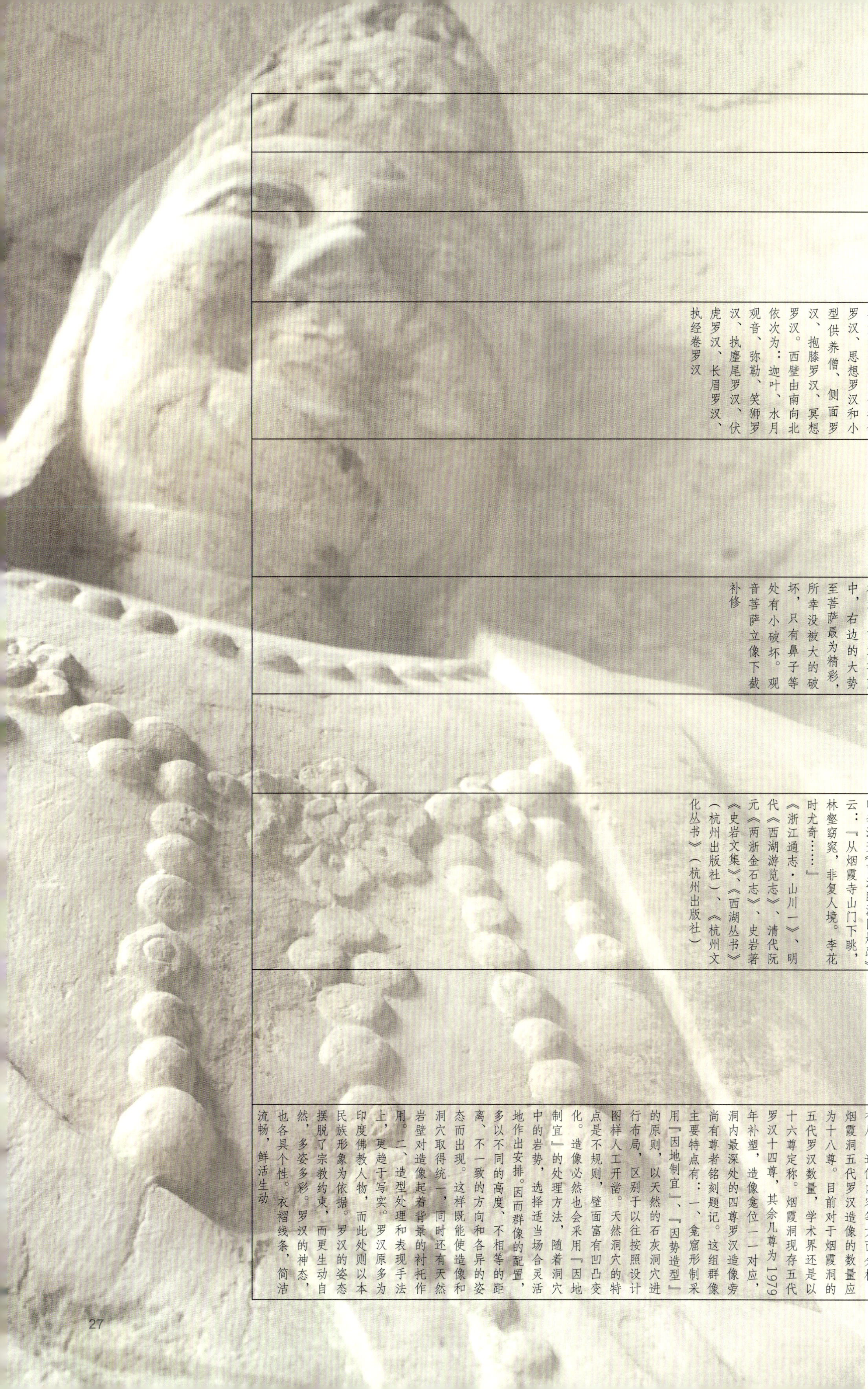

51

烟霞寺

后周广顺三年（953年）

汇集了五代、宋代、清代和1979年补塑的四个时期的造像。东壁由南向北依次为：阿难、杨柳观音、武士供养人、禅定罗汉、心中现佛罗汉、撑地罗汉、降龙罗汉、执如意罗汉、手指佛罗汉、思想罗汉和小型供养僧、侧面罗汉、抱膝罗汉、冥想罗汉。西壁由南向北依次为：迦叶、水月观音、弥勒、笑狮罗汉、执麈尾罗汉、伏虎罗汉、长眉罗汉、执经卷罗汉

石雕。石灰岩。烟霞洞口高浮雕的观音、大势至两菩萨立像，技法熟练，刻画柔润。右侧的大势至菩萨的造型样式，实为绘画上白衣观音的典范

『文革』期间，烟霞洞内四十余尊（较大造像就有三十八尊）造像，有一半多被毁，余十几尊幸免。许多宋代以来题刻也被破坏。在洞口两尊菩萨中，右边的大势至菩萨最为精彩，所幸没被大的破坏，只有鼻子等处有小破坏。观音菩萨立像下截补修

南高峰西侧翁家山南部山腰

《祥符志》、《武林梵志》、南宋咸淳《临安志》卷七十八载：清修寺，五代广顺三年（公元953年）吴越王建，旧额『烟霞』；宋治平二年（公元1065年）改额『清修』；久圮，明万历己亥，司礼监孙隆重建。明李流芳《西湖卧游图题跋》云：『从烟霞寺山门下眺，林壑窈窕，非复人境。李花时尤奇……』《浙江通志·山川一》、明代《西湖游览志》、清代阮元《两浙金石志》、史岩著《史岩文集》、《西湖丛书》（杭州出版社）、《杭州文化丛书》（杭州出版社）

2013年，何鸿

烟霞寺又名清修寺。烟霞洞为烟霞三洞之一，也称烟霞古洞。20世纪50年代史岩先生曾到将台山烟霞洞等地考察，并证实烟霞洞五代罗汉造像数量为十六尊。同年，俞剑华等人到将台山和烟霞洞复勘后得出不同结论，他们从烟霞洞的排列布局、造像内容等方面分析，烟霞洞五代罗汉造像的数量应为十八尊。目前对于烟霞洞的五代罗汉数量，学术界还是以十六尊定称。烟霞洞现存五代罗汉十四尊，其余几尊为1979年补塑，造像龛位一一对应，洞内最深处的四尊罗汉造像旁尚有尊者铭刻题记。这组群像主要特点有：一、龛窟形制采用『因地制宜』、『因势造型』的原则，以天然的石灰洞穴进行布局，区别于以往按照设计图样人工开凿。天然洞穴的特点是不规则，壁面富有凹凸变化。造像必然也会采用『因地制宜』的处理方法，随着洞穴中的岩势，选择适当场合灵活地作出安排。因而群像的配置，多以不同的高度、不相等的距离、不一致的方向和各异的姿态而出现。这样既能使造像和洞穴取得统一，同时还有天然岩壁对造像起着背景的衬托作用。二、造型处理和表现手法上，更趋于写实。罗汉原多为印度佛教人物，而此处则以本民族形象为依据。罗汉的姿态摆脱了宗教约束，而更生动自然，多姿多彩。罗汉的神态，也各具个性。衣褶线条，简洁流畅，鲜活生动

序号	名称	时代	内容	材质特点	生存状况	分布区域	参考文献	调查时间、调查者	备注
52	石屋寺（又名石屋洞、石屋院）	北汉广运年间（974-979年）建	原有五百余尊石刻小罗汉像，亦有言七百余尊	石刻	五百余尊石刻小罗汉像，像的头部在1949年前即已毁损，像身毁于『文革』中期	南高峰南石屋岭下	明代《西湖游览志》、清代阮元《两浙金石志》、史岩《史岩文集》、《西湖丛书》（杭州出版社）、《杭州文化丛书》（杭州出版社）	2013年，何鸿	石屋寺又名大仁禅寺，石屋洞为烟霞三洞之一。洞外石壁旧有北宋陈襄、苏轼及南宋贾似道等题名刻石多处，今皆不存。1979-1980年，洞景全面整修扩建。大殿正中是释迦如来全跏趺坐像，两罗汉两菩萨两天王为左右胁侍。上部左右另有两飞天
53	西关净化院	后晋开运年间（944-946年）建	未详	未详	损毁严重	烟霞岭下满觉陇西	宋代《舆地纪胜》、南宋咸淳《临安志》、明代田汝成《西湖游览志》、清代《钱塘县志》、史岩《史岩文集》	2013年，何鸿	西关净化院，水乐洞为烟霞三洞之一。北宋熙宁二年（1069年），杭州郡守郑獬将该洞命名为『水乐』
54	天龙寺	五代吴越，宋代乾德三年（965年）建。大中祥符年间改为感业寺	主龛，阿弥陀佛、青头观音造像等	石刻。阿弥陀佛高1.04米，莲花须弥座高0.53米。背光饰火焰纹	大部分佛像头部毁坏，背光还清晰可见。飞天形象还很完整	玉皇山南麓	南宋咸淳《临安志》卷七十七，明代宋濂著有《天龙寺石佛记》，明代田汝成《西湖游览志》、《西湖石窟》（浙江省文物考古研究所）、史岩《史岩文集》、《西湖丛书》（杭州出版社）、《杭州文化丛书》（杭州出版社）	2013年，何鸿	龛称拱券形，主龛造像主要有弥勒，无著和世亲居两侧。左为法华林菩萨，右为大妙相菩萨。再两侧为金刚像。龛内上部各有一身飞天，作散花状。龛右有方框，无字

55	南观音洞	南宋开禧年（1205-1207年）、南宋嘉定元年（1208年）、明弘治七年（1494年）	佛像、罗汉、菩萨等数十尊	石刻，石灰岩	涂泥妆金，头部、身部损毁严重。佛高0.49米。南宋罗汉像高0.41米，右题记：西口施奉刻时开禧□□八月五日记	将台山南麓	清代阮元《两浙金石志》卷十（收载宋淳熙庚子即1180年《宋石龙净胜院拾田记》）、《西湖石窟》（浙江省文物考古研究所）、史岩《史岩文集》、《西湖丛书》（杭州出版社）、《杭州文化丛书》（杭州出版社）	2013年，何鸿	南观音洞原名净胜院。佛面带微笑，通肩袈裟，全跏趺坐，身后无背光。南宋嘉定元年罗汉像题记：嘉定元年五月一日明州比丘僧□□年五十二岁，舍罗汉一尊，保持身口康泰，眼目光明。菩萨像高0.59米，本有左右两侧题记，右题记毁损，左题记『明弘治七年二月十九日立』
56	石龙洞	宋建中靖国元年（公元1101年）开凿佛像	释迦如来像、千佛像、菩萨像、金刚力士像、罗汉像	石刻	部分头部、膝盖，风化损毁严重。原罗汉十八尊，现存十六尊。千佛像龛为壶门式龛，高1.70米，宽1.96米	将台山南坡，玉皇山慈云岭右侧	《西湖石窟》（浙江省文物考古研究所）、《西湖丛书》（杭州出版社）、《杭州文化丛书》（杭州出版社）	2013年，何鸿	也称石龙院。千佛龛内上下排列三尊坐佛，上高0.10米，中高0.14米，下高0.18米。龛内浮雕佛像三十二排，共千余尊。下部雕有莲花，肥大宽硕。石龙洞主龛的左侧是南观音洞，崖壁上接近山顶的地方题刻着宋代摩崖《心印铭》经，石碑高1.90米，宽1.60米。《心印铭》是由唐翰林学士梁肃撰写，钱塘讲律冲羽书写，陶翼父子镌刻的。在宋皇祐癸巳年（公元1053年）的七月，石龙院的草堂僧慎微将它刻于崖壁上

序号	名称	时代	内容	材质特点	生存状况	分布区域	参考文献	调查时间、调查者	备注
57	无门洞	明代建	罗汉像	石刻	主体保存基本完整。洞内沿壁造十八罗汉像，形态各异，高度在0.27—0.48米之间	南高峰	《西湖石窟》（浙江省文物考古研究所）、《西湖丛书》（杭州出版社）、《杭州文化丛书》（杭州出版社）	2013年，何鸿	洞口左侧还有两尊罗汉，风格与洞内相同，左高0.29米，右尊0.27米
58	玛瑙寺	五代后晋开运三年（946年）始建	未详	未详	大殿已毁，今存遗址	旧址原在孤山玛瑙坡。南宋绍兴二十二年（1152年）迁北山路葛岭路17号	《武林西湖高僧事略》、《西湖丛书》（杭州出版社）、《杭州文化丛书》（杭州出版社）	2013年，何鸿	玛瑙寺原名玛瑙宝胜院。现建筑为清代同治年间遗存。连横纪念馆在此。明代张岱《西湖寻梦》有『僧侣芳洲仆夫艺竹得泉，遂名仆夫泉』的记载。宋元画家温日观也曾驻守玛瑙寺。元代文学家戴表元《宋温日观书心经》题跋，说温日观『放浪啸傲于西湖三竺间五十年』
59	闸口白塔	五代吴越时期建	塔身其他四面浮雕佛、菩萨、经变故事和装饰花纹等	白石雕刻	白塔寺已毁。1981年对塔进行了加固保护。至今在维护修缮中。	钱塘江边闸口白塔岭	《西湖丛书》（杭州出版社）、《杭州文化丛书》（杭州出版社）	2013年，何鸿	宋代范仲淹曾有《过余杭白塔寺》诗：『登临江上寺，迁客特依依。远水欲无际，孤舟曾未归。乱峰藏好处，幽鹭得闲飞。多少天真趣，遥心结翠微。』
60	黄龙洞	南宋淳熙年间（1241—1252年）建	慧开和尚坐像（黄龙祖师像）	石灰岩，石刻	像已毁	黄龙洞半山	明代田汝成《西湖游览志》卷九北山胜迹、《西湖丛书》（杭州出版社）、《杭州文化丛书》（杭州出版社）	2013年，何鸿	
61	石观音阁	明代晚期始建	观音像	石刻	现建筑为清代修。佛像面部等毁坏严重，『文革』时所为	吴山南麓元宝心67号	卓军、徐飞《吴山》、《西湖丛书》（杭州出版社）、《杭州文化丛书》（杭州出版社）	2012年，何鸿	

62	显宁寺	始建年代未见史料记载	未详	石质	明末清初有重建，现发现显宁寺塔石质构件等	拱墅区半山镇刘文村境内、皋亭山北麓山坞	《咸淳临安志》、成化《杭州府志》、清初《湖壖杂志》、《西湖丛书》（杭州出版社）、《杭州文化丛书》（杭州出版社）	2013年，何鸿	为北宋少宰刘正夫功德院，宣和年间，赐『显宁永报禅寺』。清代，徐士俊撰《皋亭显宁寺志》，诗人丁澎撰《皋亭显宁寺志序》，并见存
63	灵顺寺	东晋咸和年间（326年）始建，宋徽宗大观年间赐『灵顺』	未详	未详	五代、北宋时塔毁。2005年恢复建设对外开放。古老佛迹基本无存	北高峰山顶	宋代《太平广记》、明代张岱《西湖梦寻》、《西湖丛书》（杭州出版社）、《杭州文化丛书》（杭州出版社）	2013年，何鸿	印度慧理和尚创建。这是杭州最早的名刹。宋代王安石有诗：『飞来峰上千寻塔，闻说鸡鸣见日升；不畏浮云遮望眼，自缘身在最高层。』明代称『华光庙』。《西湖梦寻》记载：『北高峰山麓有无着禅师塔。师名文喜，唐肃宗时人也，瘗骨于此。韩侂胄取为葬地，启其塔，有陶龛焉。容色如生，发垂至肩，指爪盘屈绕身，舍利数百粒，三日不坏，竟荼毗之。』

晚清时期的杭州城一景。白墙黑瓦，一派江南，远处为保俶塔。瑞士阿道夫·克莱尔（Adolf Krayer）摄影

石室寶藏

明康

烟霞洞对比图
与左图对照
同一角度
2015年
陈楚男　拍摄

烟霞洞外景
20世纪40年代摄影
拍摄者不详
庐江草堂藏

烟霞

烟霞洞对比图
与左图对照
同一角度
2015年
陈楚男　拍摄

烟露洞内景之大势至菩萨
右边的佛像与佛塔已全被毁掉
宋代
20 世纪 40 年代摄影
拍摄者不详
庐江草堂藏
1955 年王士伦先生拍摄前该
像是完整
现鼻子有修痕

烟霞洞对比图
与左图对照
同一角度
2015年
陈楚男 拍摄

烟霞洞内近景塔像
五代
现已尽毁
20世纪40年代摄影
拍摄者不详
庐江草堂藏

从1955年王士伦先生拍摄的照片看，佛像与塔似乎已毁

碑林博物馆原馆长赵力光先生提到20世纪50年代也有毁像现象

烟霞洞对比图
此尊还保留完整
与左图对照
同一角度
2015年
陈楚男 拍摄

烟霞洞内观世音菩萨像
宋代
20世纪40年代摄影
拍摄者不详
庐江草堂藏

烟霞洞对比图
与左图对照
同一角度
2015年
陈楚男 拍摄

烟霞洞内近景
观世音菩萨像
宋代
20世纪40年代摄影
拍摄者不详
庐江草堂藏
1955年王士伦先生
拍摄前已见该观音
像下截残破经过补
修

烟霞洞对比图
与左图对照
同一角度
2015年
陈楚男 拍摄

烟露洞迦叶造像
疑似清代造
20世纪40年代摄影
拍摄者不详
庐江草堂藏

注：1956年出版的《西湖石窟艺术》认为，洞口外面的观音大势至菩萨阿难迦叶像原无题字，时代不能肯定。

烟霞洞对比图
与左图对照
同一角度
2015年
陈楚男　拍摄

烟霞洞罗汉造像部分
五代
20世纪40年代摄影
拍摄者不详
庐江草堂藏

烟霞洞对比图
与左图对照
同一角度
2015年
陈楚男 拍摄

烟霞洞罗汉造像
五代
20世纪40年代摄影
拍摄者不详
庐江草堂藏

《咸淳临安志》载：应有十八尊罗汉，后学界有十六尊和十八尊之争

杭州南观音洞造像
20世纪40年摄影
拍摄者不详
庐江草堂藏

南观音洞外门常年关闭，勘察组去过几次均未果，无法做对照拍摄。2013年何鸿巧遇开门，拍摄了一组照片见后

杭州南观音洞造像
南宋
20世纪40年代摄影
拍摄者不详
庐江草堂藏

1955年王士伦先生等拍摄时，造像经过重装已不是原来面貌

菩萨焚香图
五代
河南温县慈胜寺壁画
69厘米×138厘米
美国纳尔逊博物馆藏
臧志成 临摹

宋代
烟霞洞大势至菩萨

宋代
烟霞洞观世音像

宋代
烟霞洞菩提树浮雕

五代吴越
烟霞洞十六罗汉
之一

杭州烟霞洞造像
1956–1985年拍摄
1986年10月出版《西湖石窟》
本图片摄影由强超美、
钱予强先生完成

五代吴越
烟霞洞十六罗汉
之一

五代吴越
烟霞洞十六罗汉
之一

五代吴越
烟霞洞十六罗汉
之一

五代吴越
烟霞洞供养人像

五代吴越
烟霞洞十六罗汉
之一

五代吴越
烟霞洞十六罗汉
之一

五代吴越
烟霞洞十六罗汉
之一

五代吴越
烟霞洞十六罗汉
之一

杭州烟霞洞造像
1956–1985年拍摄
1986年10月出版《西湖石窟》
本图片摄影由强超美、
钱予强先生完成

杭州南观音洞造像
1956-1985年拍摄
1986年10月出版《西湖石窟》
本图片摄影由强超美、
钱予强先生完成

五代吴越　烟霞洞十六罗汉之一

烟霞洞外景

烟霞洞近景

五代吴越　烟霞洞十六罗汉之一

五代吴越　烟霞洞十六罗汉之一

石屋洞对比照
与左图对照
同一角度
2015年
陈楚男　拍摄

石屋洞内景
20世纪40年代摄影
拍摄者不详
庐江草堂藏

石屋洞对比照
修复后主尊由七尊
变成三尊
与左图对照
同一角度
2015年
陈楚男 拍摄

石屋洞内景
若纳凉茶室
20世纪40年代摄影
拍摄者不详
庐江草堂藏

注：1956年之前此窟造像，连正面七尊在内，都经过破坏，绝大部分头部都是后配的

石屋洞对比照
与左图对照
同一角度
2015年
陈楚男　拍摄

石屋洞飞天罗汉部分
五代
20世纪40年代摄影
拍摄者不详
庐江草堂藏

有资料说是太平天国时被毁，但此照显示还在，或是『文革』时期被毁，又据考证，此时罗汉像已经被重修，且面貌与前也不同

石屋洞对比照
毁后重修面貌大不一样
与左图对照
同一角度
2015年
陈楚男　拍摄

石屋洞罗汉造像部分
五代
20世纪40年代摄影
拍摄者不详
庐江草堂藏

石屋洞对比照
毁后重修面貌大不一样
与左图对照
同一角度
2015年
陈楚男　拍摄

石屋洞三尊小龛
五代
20世纪40年代摄影
拍摄者不详
庐江草堂藏

石屋洞对比照
被毁后由七尊变
为三尊
与左图对照
同一角度
2015年
陈楚男 拍摄

石屋洞七尊像
中央的释迦如来全跏坐像，两罗汉两菩萨两天王为左右胁持
五代
20世纪40年代摄影
拍摄者不详
庐江草堂藏

石屋洞对比照
龛像遗失或毁损
与左图对照
同一角度
2015年
陈楚男 拍摄

石屋洞水月观音
五代
20世纪40年代摄影
拍摄者不详
庐江草堂藏

1955年王士伦先生拍摄石屋洞造像未见有此水月观音像。见1956年出版《西湖石窟艺术》图版一十七

石屋洞对比照
与左图对照
同一角度
2015年
陈楚男　拍摄

石屋洞罗汉部分
五代
20世纪40年代摄影
拍摄者不详
庐江草堂藏

慈云岭对比照
与左图对照
同一角度
2015年
陈楚男　拍摄

慈云岭群像
佛菩萨龛
五代吴越时期
天福七年
20世纪40年代摄影
拍摄者不详
庐江草堂藏

慈云岭对比照
与左图对照
同一角度
2015年
陈楚男　拍摄

慈云岭主龛外景
五代吴越时期
龛外有人嬉戏
20世纪40年代摄影
拍摄者不详
庐江草堂藏

慈云岭对比照
与左图对照
同一角度
2015年
陈楚男　拍摄

慈云岭造像
主龛左侧
五代吴越时期
20世纪40年代摄影
拍摄者不详
庐江草堂藏

慈云岭对比照
与左图对照
同一角度
2015年
陈楚男　拍摄

慈云岭造像
地藏菩萨
五代吴越时期
20世纪40年代摄影
拍摄者不详
庐江草堂藏

慈云岭对比照
与左图对照
同一角度
2015年
陈楚男　拍摄

慈云岭造像
主龛全景
五代吴越时期
20世纪40年代摄影
拍摄者不详
庐江草堂藏

慈云岭对比照
与左图对照
同一角度
2015年
陈楚男 拍摄

慈云岭造像
地藏菩萨上额部分
五代吴越时期
20世纪40年代摄影
拍摄者不详
庐江草堂藏

慈云岭对比照
与左图对照
同一角度
2015年
陈楚男　拍摄

慈云岭造像
地藏菩萨及上额浮雕
五代吴越时期
20世纪40年代摄影
拍摄者不详
庐江草堂藏

五代吴越　慈云岭造像主龛（部分）

五代吴越　慈云岭地藏像龛楣上的“六道轮回”浮 雕

五代吴越　慈云岭造像主龛（全景）

五代吴越
慈云岭地藏像

杭州慈云岭造像
1956—1985年拍摄
1986年10月出版《西湖石窟》
本图片摄影由强超美、
钱予强先生完成

五代吴越　慈云岭造像主龛楣上浮雕飞天与迦陵频伽

五代吴越　慈云岭造像主龛楣上浮雕飞天与迦陵频伽

五代吴越　慈云岭造像主龛龛楣之一（飞天、七佛、普贤）

五代吴越　慈云岭造像主龛龛楣之一（飞天、七佛、文殊）

杭州慈云岭造像
1956—1985年拍摄
1986年10月出版《西湖石窟》
本图片摄影由强超美、
钱予强先生完成

杭州玉皇山石龙院佛教造像遗存
2013年9月30日
何鸿 摄影

宝成寺对比照
与左图对照
同一角度
2015年
陈楚男　拍摄

宝成寺三世佛造像（局部）
13世纪
20世纪40年代摄影
拍摄者不详
庐江草堂藏
1955年王士伦先生拍摄
的宝成寺未见有此三世佛

宝成寺对比照
与左图对照
同一角度
2015年
陈楚男 拍摄

宝成寺三世佛造像
13 世纪
20 世纪 40 年代摄影
拍摄者不详
庐江草堂藏

宝成寺对比照
与左图对照
同一角度
2015年
陈楚男　拍摄

宝成寺麻曷葛剌造像
元代
20世纪40年代摄影
拍摄者不详
庐江草堂藏

宝成寺麻曷葛剌造像
元代
20世纪40年摄影
拍摄者不详
庐江草堂藏

宝成寺麻曷葛剌造像
元代
20世纪40年代摄影
拍摄者不详
庐江草堂藏

1955年王士伦先生拍摄，
此像干净整洁
伯家奴造麻曷葛剌造像
参见1956年出版《西湖
石窟艺术》图五十

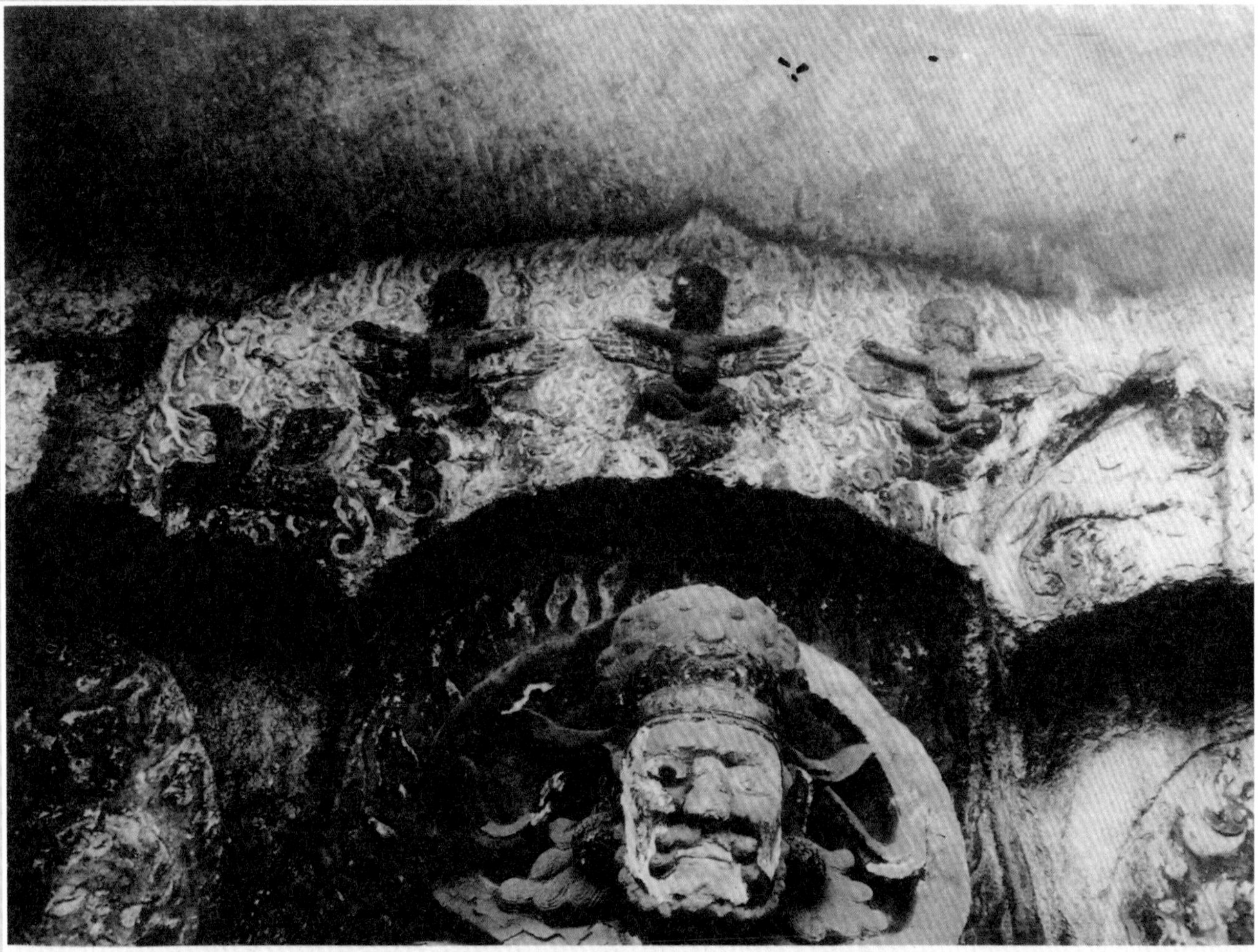

元至治二年（1322） 宝成寺麻曷葛剌造像龛楣

杭州宝成寺造像
1956-1985年拍摄
1986年10月出版《西湖石窟》
本图片摄影由强超美、
钱予强先生完成

元至治二年
（1322）
宝成寺麻曷葛剌像
（部分）

元至治二
（
宝成寺麻曷

元至治二年
（1322）
宝成寺麻曷葛剌
右胁侍普贤骑象

元至治二
宝成寺麻
左胁侍文

杭州吴山石佛院佛教遗存现状
2013年9月26日
何鸿　拍摄
大石佛院北宋宣和六年思净和尚造的半身大佛像，元至正毁

杭州吴山石佛院佛教遗存现状
2013年9月26日
何鸿 拍摄

天龙寺对比照
与左图对照
同一角度
2015年
陈楚男 拍摄

天龙寺青头观音像
宋代
20世纪40年代摄影
拍摄者不详
庐江草堂藏

天龙寺对比照
与左图对照
同一角度
2015年
陈楚男　拍摄

天龙寺造像
五代吴越时期
乾德三年
20世纪40年代摄影
拍摄者不详
庐江草堂藏
到20世纪80年代
部分头部损毁严重

天龙寺对比照
与左图对照
同一角度
2015年
陈楚男　拍摄

天龙寺造像
五代吴越时期
20世纪40年代摄影
拍摄者不详
庐江草堂藏

宋代　天龙寺青头观音像

五代吴越
天龙寺阿弥陀佛像

五代吴越　天龙寺造像主龛（部分）

五代吴越　天龙寺造像主龛（全景）

杭州天龙寺造像
1956—1985年拍摄
1986年10月出版《西湖石窟》
本图片摄影由强超美、
钱予强先生完成

杭州天龙寺造像主龛（部分）　左下图
20世纪40年代摄影
拍摄者不详
庐江草堂藏

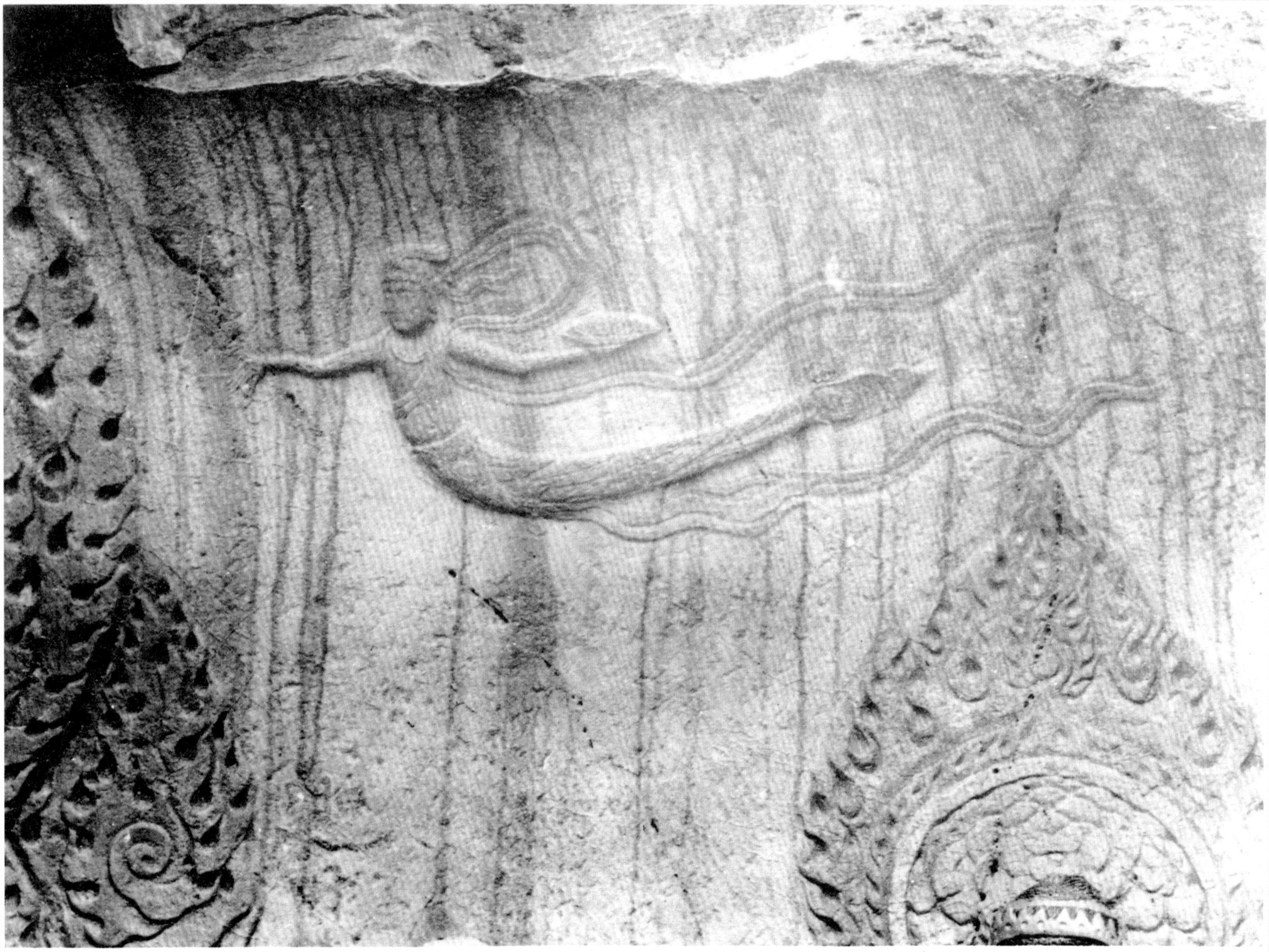

五代吴越　天龙寺造像主龛飞天

杭州天龙寺造像
1956-1985年拍摄
1986年10月出版《西湖石窟》
本图片摄影由强超美、
钱予强先生完成

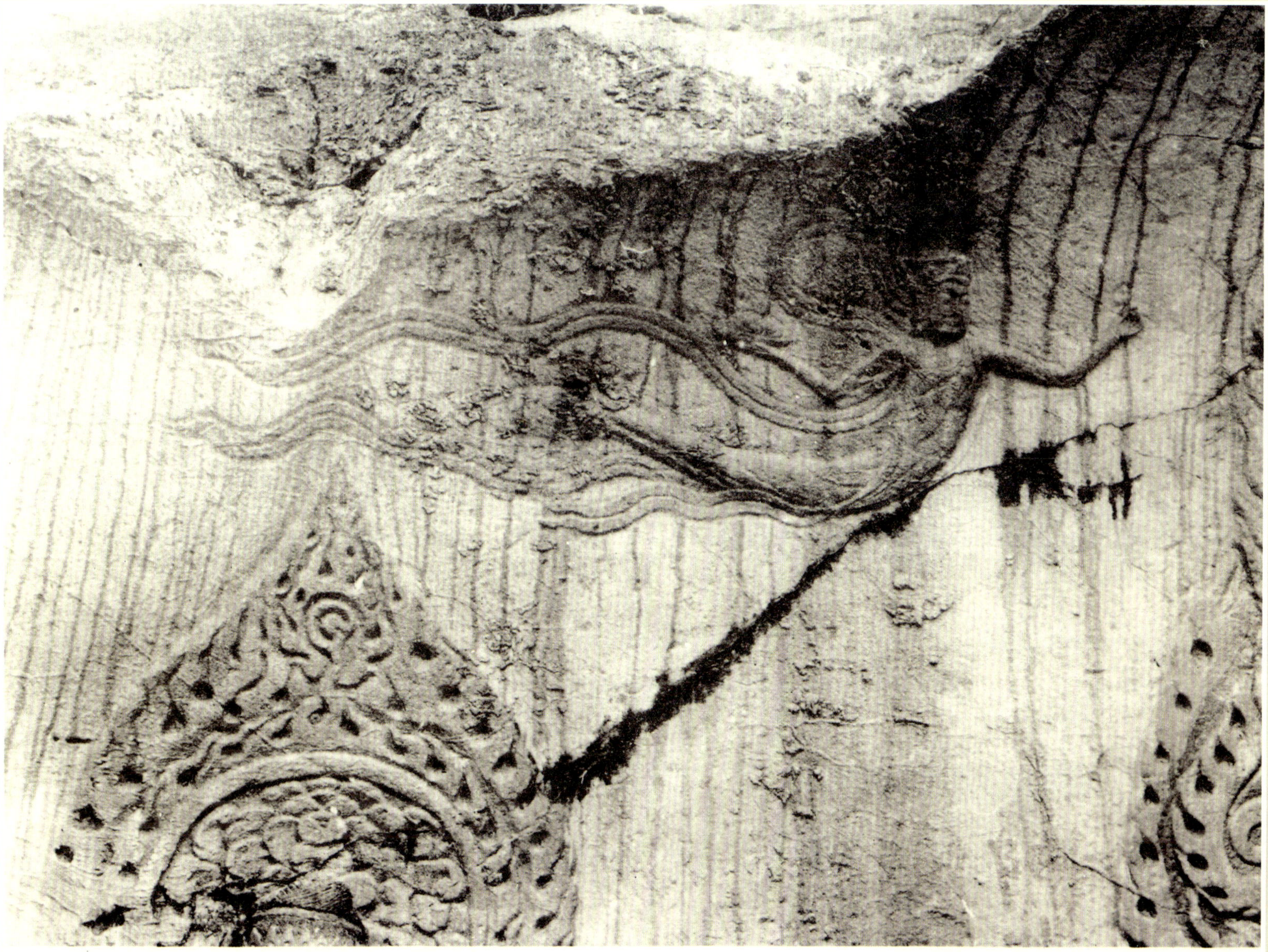

五代吴越　天龙寺造像主龛飞天

杭州天龙寺造像
1956—1985年拍摄
1986年10月出版《西湖石窟》
本图片摄影由强超美、
钱予强先生完成

灵隐寺飞来峰、宝石山考察记
何鸿、陈楚男、邵雯睿拍摄
2016年

聽水

飛來峰

杭州古代佛教雕塑造像存在现状调查（表二）

灵隐寺 飞来峰（基本按年代顺序）

杭州灵隐寺前的飞来峰造像是杭州西湖石窟中规模最大的一处石窟造像群，共计窟龛一百零二个，造像三百三十余尊。其中，位于青林洞内的后周广顺元年（公元951年）滕绍宗造西方三圣龛，是飞来峰有题记的造像中时代最早的一龛。飞来峰宋代造像二百余尊，以咸平三至六年（公元1000—1003年）所造小罗汉像数量最多。南宋风格的布袋弥勒造像喜笑自若，造型十分优美。元代造像近百尊，雕造年代有题记可查的始自至元十九年（公元1282年），终于至元二十九年（公元1292年），其中约半数是藏密『梵式』造像。除此以外，还有少许明代风格的造像。我国北方和中原地区的石窟艺术从晚唐开始趋向衰落，而飞来峰造像恰好弥补了这个缺环，尤其是元代造像，在我国古代石窟艺术史上占有重要地位。

——节选 高念华《飞来峰造像》
文物出版社 2002年

灵隐飞来峰
龙泓洞口外北侧驮经像

序号	名称	造像者	年代	分布地点	文献出处	现存状况	备注
1	迦叶、维卫石佛(两尊)	未详	梁简文帝（549–551年）	灵鹫山直指堂（大雄宝殿北面）后石佛庵	宋咸淳四明东湖沙门智磐撰《佛祖统纪传》、南宋况穆《方舆胜览》、南宋施谔撰《淳祐临安志》、明朝吴之鲸《武林梵志》、清孙星衍、邢澍编《寰宇访碑录》	未详，待考	《武林梵志》十二卷（浙江汪汝瑮家藏本），明代吴之鲸撰。之鲸字伯裔，钱塘（今浙江杭州）人。万历中举人，官浮梁县知县。该编以杭州梵刹盛于南宋，至明而残废者多，恐遗迹渐湮，乃博考乘牒，分城内、城外、南山、北山及诸属县，凡得寺院四百二十六所。俱详记创置始末，及其山川形胜。后分《天朝宠锡》、《宰官护持》、《古德机缘》、《历代勋绩》四门，备纪名流胜迹、高僧支派。各编小传，序录井然，颇有条理，见《四库总目提要》
2	菩萨像龛	未详	五代吴越	飞来峰原神尼塔旁边，石灰岩	南宋施谔撰《淳祐临安志》、明朝吴之鲸《武林梵志》清代阮元《两浙金石志》、《西湖石窟》（浙江省文物考古研究所）、高念华《飞来峰造像》（文物出版社，2002年）	面部损毁。龛高0.66米，宽0.50米。造像高0.36米	菩萨像着天衣，佩璎珞，腕戴钏。全跏趺坐式。莲座下有须弥座。背光饰火焰纹
3	阿弥陀佛、观音菩萨、大势至三尊龛像（『西方三圣』，也称『弥陀三尊』）	常山清信弟子滕绍宗造	五代后周广顺元年（951年），此为飞来峰有题记纪年最早的龛像	青林洞（又名金光洞、射旭洞、香林洞、乡林洞、理公岩、燕寂岩、老虎洞）内右壁，石灰岩	南宋况穆《方舆胜览》，南宋施谔撰《淳祐临安志》，清朝厉鹗《增修云林寺志》，清代阮元《两浙金石志》，清孙星衍、邢澍编《寰宇访碑录》，明代田汝成《西湖游览志》第十卷《北山胜迹》，高念华《飞来峰造像》（文物出版社，2002年）	主体损毁严重，尤其面部，能看出身后的火焰纹、背光等。须弥座莲纹也较清晰。本尊阿弥陀佛高0.28米，观世音和大势至各高0.20米。龛的左侧面壁，高0.23米，宽0.30米	《云林寺志》，清代厉鹗撰，亦称《增修云林寺志》。书中主要内容包括：山水、梵字、古迹、附录、禅祖、法语、檀越、人物、艺文、诗咏、遗事、杂纪等。《寰宇访碑录》，清代金石学著作。孙星衍、邢澍合撰，嘉庆七年（1802年）成书，十二卷，是一部历代石刻目录。收录周秦至元代碑刻八千余种，以及少量带字瓦当，有的碑刻仅有拓本传世。所录碑刻按年代排列，每种下面都注明书体、年月、所在地或拓本藏处。后罗振玉等为该书续补、纠误。《两浙金石志》，清代阮元编录，该书收自秦至元两浙地区碑刻六百五十八种，是研究江南碑刻艺术的重要资料。题记一方，文为：『常山清信弟子滕绍宗□□，右绍宗敬舍净财，于石室内镌造弥□□尊观音势至。伏为自身巩有多劫冤□，今生故悮，伏愿□不□之胜因，涤累劫之债滥，时广顺元年岁次辛亥四月三日镌记。』

阿弥陀佛坐佛
元代
高225厘米
杭州北高峰东南飞来峰通天洞洞口西侧
资料采集《中国美术全集》
黄山书社 2010年

序号	名称	造像者	年代	分布地点	文献出处	现存状况	备注
4	阿弥陀佛坐像一躯	周钦造	后周显德六年（959年）亦作建隆元年（960年）	青林洞内，石灰岩，像高0.33米	清朝厉鹗《增修云林寺志》、清代阮元《两浙金石志》，清孙星衍、邢澍编《寰宇访碑录》，唐代陆羽《灵隐寺记》，高念华《飞来峰造像》（文物出版社，2002年）	铭记作时己未建，建隆元年（960年）三月十九日记。己未是后周显德六年（959年），庚申是宋建隆元年，应为钱弘俶降宋后改凿	龛右下题记：上直都管军都头弟子周钦，右钦谨发虔心舍净财，□西山灵鹫禅院，制造弥陀石佛一躯，所申意者，为先亡考九郎，亡妣魏氏、龚氏，亡三兄追荐净识□□□□承泰，亡侄女□□娘，□□娘之侄承训，亡新妇秦二娘，亡孙子□□□愿早生净土，各得超升，离苦解脱，生前罪业，籍此云销，没后冤□，□□解释，其功德，今已相□□圆恒□□□永充供养。时已未建隆元年三月十九日记
5	阿弥陀佛像	上直都管军都头弟子周钦造	北宋建隆元年（960年）三月十九日	青林洞内。像高0.33米	明朝吴之鲸《武林梵志》、清朝厉鹗《增修云林寺志》、清代阮元《两浙金石志》、《西湖石窟》（浙江文物管理研究所）、高念华《飞来峰造像》（文物出版社，2002年）	面部损毁严重	此像着半披肩袈裟，袒露右胸，全跏趺坐式。两手相叠，拇指相交，作禅定印，背光有火焰纹。像虽小，神态活现。此像为北宋造像中最早的一尊
6	布袋弥勒与罗汉群像	未详	宋乾德四年（966年），有学者认为是南宋造像。（全国重点文物单位记录档案为南宋）	冷泉溪南岸悬崖，共19尊	南宋况穆《方舆胜览》卷一、南宋施谔撰《淳祐临安志》、《宋僧传》、《传灯录》，明代如惺《龙华忏仪》、清代厉鹗《云林寺志》、清代雍正《西湖志》、《西湖石窟》（浙江省文物考古研究所）、高念华《飞来峰造像》（文物出版社，2002年）	保存基本完整。龛宽9.90米，中高3.30米，两边高1.50米	该弥勒形象具有现实的形象，同时也具有现实人物的性格。他是以布袋和尚这一真实人物的形象和性格为对象而描写的。布袋和尚是明州奉化县人，生于晚唐，卒于五代梁贞明三年（917年）。早年在奉化岳林寺出家，名契此，时号长汀子布袋师。两旁十八罗汉的形象和神态，也是从现实中来，从我国和印度在建刻造像时，在许多僧侣中物色典型形象加以刻画，因此胡貌梵相，各有不同，神态生动。据《云林寺志》记载，此弥勒佛造像是北宋乾德四年（966年）的作品
7	『西方三圣』（两铺）	未详	北宋	一则在青林洞西侧悬岩上，一则在青林洞内，石灰岩	清朝厉鹗《增修云林寺志》、清代阮元《两浙金石志》、《西湖石窟》（浙江文物管理研究所）、高念华《飞来峰造像》（文物出版社，2002年）	一铺完整，另一铺面部尽毁	一本尊阿弥陀佛，高0.90米，左胁侍观世音和右胁侍大势至各高0.65米。另一本尊高0.51米，胁侍各高0.46米

8	大阿罗真者群像（罗汉像）	越州客司戴赞保身位刻罗汉一身、万户潘彪重装、江阴州判官王林帖木儿重装等	宋咸平三年至六年（1000年-1003年）	青林洞（五十七尊，上下分列）、玉乳洞（又名蝙蝠洞）内，共大小一百一十六尊罗汉。石灰岩	南宋祝穆《方舆胜览》卷一、南宋施谔撰《淳祐临安志》、清代阮元《两浙金石志》、清朝厉鹗《增修云林寺志》、顾夷吾《山川记》、清孙星衍、邢澍编《寰宇访碑录》、高念华《飞来峰造像》（文物出版社，2002年）	部分面部损毁严重	云林寺即灵隐寺，东晋咸和年间，僧慧理开山。清康熙帝南巡时，赐名为「云林禅寺」，为清代杭州诸佛寺之冠。《续修云林寺志》，亦题作《云林续志》，八卷，清沈镕彪撰
9	卢舍那佛会十七身浮雕	胡承德造	宋代乾兴元年（1022年）四月	青林洞南口东侧，石灰岩。高1.46米，宽1.50米的壶门式花头龛	明朝吴之鲸《武林梵志》、清朝厉鹗《增修云林寺志》，清孙星衍、邢澍编《寰宇访碑录》，清代阮元《两浙金石志》、《西湖石窟》（浙江省文物考古研究所）、高念华《飞来峰造像》（文物出版社，2002年）	主体和部分面部遭到损毁。飞天和背景浮雕还较完整。「卢舍那佛会」浮雕占有青林洞口北宋罗汉像位，残存十一尊罗汉，面部大多损毁	龛内浮雕卢舍那佛、文殊菩萨、普贤菩萨各一尊，天王四尊，供养菩萨四尊，牵狮、象侍者二尊，侏儒二尊，龛楣上端飞天二尊，共十七尊造像。此为北宋石雕中罕见的浮雕，但在技巧上纤巧有余，而刻画稍嫌平板，装饰味较强。但还是相当不错。题记内容：弟子胡承德伏为四恩三有，命石工镌卢舍那佛会一十七身，所期来往观瞻同生净土。时大宋乾兴□□四月□日记
10	高僧取经故事组雕（含白马驮经、朱士行取经、玄奘东归三个故事）	未详	宋代	龙泓洞（又名道天洞、观音洞、一线天）口外北侧，高浮雕，石灰岩	南宋祝穆《方舆胜览》卷一、南宋施谔撰《淳祐临安志》、清朝厉鹗《增修云林寺志》、清代阮元《两浙金石志》、清孙星衍、邢澍编《寰宇访碑录》、高念华《飞来峰造像》（文物出版社，2002年）	造像、马、题记等部分损毁。史岩先生认为这些雕刻是元代的「汉式」风格。（见《杭州工艺美术·工艺雕塑理论与学习》专辑第20页）	三幅浮雕全长660厘米，高100厘米。「白马驮经」浮雕：两位高僧，身后饰头光，似长途跋涉状，右上角分别刻「摄摩腾」、「竺法兰」字样，其后一人牵马，上刻「从人」两字。描写的是后汉明帝永和十年（67年）天竺（今印度）的迦叶摩腾、竺法兰两沙门以白马驮着佛经前来我国河南洛阳译经的故事。「朱士行取经」浮雕：三国曹魏僧人朱士行往西域求佛，其中有三人拉着两匹驮经的马，旁刻「朱八戒」字，「八戒」字系后人改刻，原刻是「朱士行」字。「玄奘取经」浮雕：唐玄奘取经，唐僧双手合十，作缓步前进状。描写的是初唐贞观十九年（645年）玄奘三藏法师从天竺取经东归途中用马运载经典的情景

倚坐佛 元代
高度不详
杭州北高峰东南飞来峰龙泓洞
资料采集《中国美术全集》
黄山书社 2010年
注：后考量该弥勒佛坐像
高250厘米

序号	名称	造像者	年代	分布地点	文献出处	现存状况	备注
11	下生弥勒像	胡承德造	宋乾兴元年（1022年）	青林洞内，石灰岩	清孙星衍、邢澍编《寰宇访碑录》，清代阮元《两浙金石志》，高念华《飞来峰造像》（文物出版社，2002年）	保存基本完整	龛右题记：胡承德并合家眷同发心刊下生弥勒尊佛亲口三身记
12	观世音坐像一尊	清信弟子陆庆并妻李一娘造	宋乾兴元年（1022年）四月	青林洞口，石灰岩	清朝厉鹗《增修云林寺志》，清代阮元《两浙金石志》，清孙星衍、邢澍编《寰宇访碑录》，高念华《飞来峰造像》（文物出版社，2002年）	头部、手臂等损毁严重。像高约0.56米	题记内容为：清信弟子陆庆并妻李一娘，造观世音菩萨一尊，乾兴元年四月日记
13	六祖第一身（罗汉）	杨从筒造	宋天圣四年（1026年）	玉乳洞东端两侧，石灰岩，共计六身	明朝吴之鲸《武林梵志》，清朝厉鹗《增修云林寺志》，清孙星衍、邢澍编《寰宇访碑录》，高念华《飞来峰造像》（文物出版社，2002年）	保存基本完整。题记上有人复刻『瞿爵』二字。像高从0.96米至1.16米不等	题记：清信弟子杨从筒舍财造六祖第一身。天圣四年二月日立
14	震旦六祖像两身（罗汉）	马氏一娘造	宋天圣四年（1026年）	玉乳洞东口侧，石灰岩	南宋祝穆《方舆胜览》卷一，南宋施谔撰《淳祐临安志》，清朝厉鹗《增修云林寺志》，清代孙治《灵隐寺志》，高念华《飞来峰造像》（文物出版社，2002年）	保存基本完整。后人在题记上复刻『吴纶』、『崔兴道』等字，就像今天的『到此一游』性质	造像分别是：初祖达摩、二祖慧可、三祖僧璨、四祖道信、五祖弘忍、六祖慧能，合称『震旦六祖』。题记：清信女弟子马氏一娘舍净财造六祖像两身，天圣四年二月日立
15	罗汉一尊	沈宁造	宋开禧元年（1205年）三月	龙泓洞摩崖，石灰岩	清朝厉鹗《增修云林寺志》，清代阮元《两浙金石志》，清孙星衍、邢澍编《寰宇访碑录》，高念华《飞来峰造像》（文物出版社，2002年）	基本保存完整	沈宁作沈应，误。巨赞法师《灵隐小志》记载：此外宋开禧元年沈宁、嘉定元年某比丘各造罗汉一尊
16	罗汉一尊	明州比丘僧□□造	宋嘉定元年（1208年）五月	龙泓洞摩崖，石灰岩	清朝厉鹗《增修云林寺志》，清代阮元《两浙金石志》，清孙星衍、邢澍编《寰宇访碑录》，高念华《飞来峰造像》（文物出版社，2002年）	保存完整	巨赞法师《灵隐小志》记载：此外宋开禧元年沈宁、嘉定元年某比丘各造罗汉一尊

序号	名称	造像者	年代	分布地点	文献出处	现存状况	备注
17	青头观世音像	未详	宋代	青林洞顶部悬崖上	清朝厉鹗《增修云林寺志》、《西湖石窟》（浙江省文物考古研究所）、高念华《飞来峰造像》（文物出版社，2002年）	保存基本完整。像高0.75米	观世音端坐悬崖，束发戴冠，冠上饰化佛。上身裸露，胸挂璎珞，手贯环钏。身后饰大圆光一周。龛楣上端另有坐佛三尊，着半披肩袈裟，袒露右胸，全跏趺坐式
18	卢舍那佛、文殊、普贤三尊（『华严三圣』）	徐僧录等造	元至元十九年（1282年）八月	青林洞口外，石灰岩	明朝吴之鲸《武林梵志》、清朝厉鹗《增修云林寺志》，清孙星衍、邢澍编《寰宇访碑录》，黄涌泉《杭州元代石窟艺术》、高念华《飞来峰造像》（文物出版社，2002年）	保存基本完整。龛高2.40米，宽4米。本尊卢舍那佛高1.55米，全跏趺坐于莲座上	本尊毗卢舍那佛端坐正中，全跏趺坐式，吉祥坐。中年女相，头戴五佛宝冠，耳下垂有花形耳珰，脸部丰满，容相慈悲，双眼正视，眉间有白毫相，双手上举，五指弯曲，于胸前作卢舍那佛五字剑印，着双领下垂袈裟。龛下方题记：大元国功德主徐僧录等命舍净财，镌造卢舍那佛、文殊师利菩萨、普贤菩萨三尊，端为祝延皇帝万安，四恩三有齐登觉岸者。至元十九年八月日授杭州路僧录徐□□潭州僧录李□□
19	尊胜佛母像龛（旧有称不空羂索观音像）	未详	元代，约至元二十四年，（1287年）	冷泉溪南岸。龛中间高3.35米，两侧高2.05米，通高3.96米	明朝吴之鲸《武林梵志》、清朝厉鹗《增修云林寺志》，清孙星衍、邢澍编《寰宇访碑录》，黄涌泉《杭州元代石窟艺术》，高念华《飞来峰造像》（文物出版社，2002年）	主体九尊基本完整，基座完整精美。右侧菩萨像下半部分损毁严重。题记模糊不清。呼猿洞口外东侧也有一身不空羂索观音像，像高1.52米	含佛母像及金刚、菩萨像、供养人像等共九尊。中央大龛为尊胜佛母坐像，作三面八臂的菩萨形怪相。在莲座下作喇嘛教特有的束腰式星斗形须弥座。左右还各有胁侍菩萨以及护法像。在穹状龛顶之上，还冠有相轮和二供养性质的飞天。全龛意匠，极为别致。它的造型样式有许多特征：头型方长，额角转折极强。两眉相连，和印度阿旃陀石窟壁画中所见完全一致。肥厚的上下眼睑缘，深陷的口角，处处显示出与汉式造像不同之点。梵式的特征，还表现在穹状龛的边缘的装饰纹样上，在由蔓草纹所组成的圆圈内，还各嵌入一个梵字，藏传佛教的气氛强烈

布袋弥勒 元代
高 150 厘米
杭州北高峰东南飞来峰龙泓洞
资料采集《中国美术全集》
黄山书社 2010 年
编号为第 45 龛

观世音菩萨　元代
高152厘米
杭州北高峰东南飞来峰沿溪峭壁
资料采集《中国美术全集》
黄山书社　2010年

序号	名称	造像者	年代	分布地点	文献出处	现存状况	备注
20	阿弥陀佛、观音、大势至三尊（『西方三圣』）	杨思谅同妻朱氏造	元至元二十年前后（1283—1292年或1284—1292年）	冷泉溪南岸，龙泓洞外左上，石灰岩	清朝厉鹗《增修云林寺志》，清代阮元《两浙金石志》，清孙星衍、邢澍编《寰宇访碑录》，黄涌泉《杭州元代石窟艺术》，高念华《飞来峰造像》（文物出版社，2002年）	主体基本完整，基座完整精美。龛高2.70米，宽4.40米。阿弥陀佛位居正中，高1.40米，观世音菩萨和大势至菩萨各高1.25米	龛左下题记：昭□大将军前淮安万户府管军杨思谅同妻朱氏，发心施财，命工镌造阿弥陀佛、观音、势至圣像三尊，祝延皇帝圣寿万万岁者。至元二十□年□月□日丙午吉辰建
21	大立佛	郭□□造	元至元二十四年三月（1287年）	龙泓洞外右上	清代阮元《两浙金石志》，清孙星衍、邢澍编《寰宇访碑录》，黄涌泉《杭州元代石窟艺术》，高念华《飞来峰造像》（文物出版社，2002年）	主体保存完整立佛高2.57米	题记文字为：至元二十四年岁次丁亥三月十五□□□功德主江淮诸路释教都总统所经历郭□□建
22	金刚萨埵菩萨	石僧录液沙里造	元至元二十五年（1288年）	通天洞口外	清朝厉鹗《增修云林寺志》，清孙星衍、邢澍编《寰宇访碑录》，清代阮元《两浙金石志》、《西湖石窟》（浙江省文物考古研究所）、黄涌泉《杭州元代石窟艺术》、高念华《飞来峰造像》（文物出版社，2002年）	造像基本完整	龛高2.10米，宽1.70米。藏文、汉文题记各一行，汉文为：至元二十五年八月□日建功德主石僧录液沙里书并赞
23	观音坐像	未详	元代	通天洞口外东侧	清朝厉鹗《增修云林寺志》，清孙星衍、邢澍编《寰宇访碑录》，黄涌泉《杭州元代石窟艺术》、高念华《飞来峰造像》（文物出版社，2002年）	整像基本完整，手、腿部略有残损	龛高0.90米，宽0.90米。观音高0.84米
24	杨柳观世音菩萨像	未详	元代	理公塔旁的巨石上	清朝厉鹗《增修云林寺志》、《西湖石窟》（浙江省文物考古研究所）、黄涌泉《杭州元代石窟艺术》、高念华《飞来峰造像》（文物出版社，2002年）	主体保存完整。像背面石有裂缝	龛高1.85米，宽1.36米。杨柳观音高1.65米
25	青头观音像	董□祥造	元至元二十五年（1288年）	冷泉溪南岸山崖上，石灰岩	清代阮元《两浙金石志》、《西湖石窟》（浙江省文物考古研究所）、黄涌泉《杭州元代石窟艺术》、高念华《飞来峰造像》（文物出版社，2002年）	主体像保存完整	龛拱形，高1.73米，宽1.60米。观音高1.52米。旁有题记：总统所董□祥特发诚心施财，命工刊造观音圣像，上答洪恩，以祈福禄增崇，寿年绵远者，大元戊子三月吉日题

序号	名称	造像者	年代	分布地点	文献出处	现存状况	备注
26	杨琏真伽供养像（三僧像）	杨琏真伽造	元至元二十六年（1289年）	冷泉溪南岸。此像龛为杨琏真伽自造龛，以佛陀形象自居，旁有闻僧闻（福闻）、刘僧泽（允泽）像	《元史·世祖本纪》卷十七，《辍耕录》，卷四卷三十，《明史》，明代田汝成《西湖游览志》，明代张岱《西湖梦寻》，明代张岱《岣嵝山房小记》，赵翼《二十二史札记》，明代张京元《西湖小记》，清代阮元《两浙金石志》，《西湖石窟》（浙江省历史考古研究所），黄涌泉《杭州元代石窟艺术》，高念华《飞来峰造像》（文物出版社，2002年）	主体保存完整。明代张京元《西湖小记》记载：『上下尽刻诸菩萨、罗汉像，乃胡髡杨琏真珈所创，杂己像其中。雕残石骨，猩秽山灵。某刺史断其头，投之江。可称古今一快。』虽多部史书记载断其像，但均有误，实则『乌龙』，其像还保存完好。中像高1.60米，左像高1.49米，右像高1.44米	《元史》载：杨琏真珈善于盗墓，曾盗掘南宋诸皇帝、皇后陵寝，公侯卿相陵墓，『凡发冢一百有一所，戕人命四』。作恶多端，坏极也。《明史》也称：『悉掘徽宗以下诸陵，攫取金宝，裒帝后遗骨，瘗于杭之故宫，筑浮屠其上，名曰镇南，以示厌胜，又截理宗颅骨为饮器。』明代田汝成《西湖游览志余》记载：『嘉靖二十二年二月，杭州知府福清陈公仕贤击嘉木扬喇勒智等三像于飞来峰，枭之灵隐山下，飞来峰有石人三，元西僧嘉木扬喇勒智，闻僧闻，刘僧泽像也。盖其生时刻画诸佛像于石壁，而以己像杂之，到今三百年，莫为掊击。至是陈侯见而叱曰：『髡贼！髡贼！胡为遗恶迹以蔑我名山哉，命斩之，身首异处，闻者莫不霅然称快。』明人张岱在《岣嵝山房小记》中记载：『一日缘溪走看佛，□□骂杨髡，见一波斯坐龙像，蛮女四五献花果，皆裸形，勒石志之，乃真伽像也。余椎落其首，并碎诸蛮女，置溺溲处以报之。寺僧以余为椎佛也，咄咄作怪事；及知为杨髡，皆欢喜赞叹。』后来考证，他砸的是第九十一龛密里瓦巴和两侍女像，并非『杨髡』像。但这表达了人们一种愤懑之情
27	无量寿佛坐像	杨琏真伽造，在这小龛下方，刻有无耻的僧人净伏歌颂真伽『功德』的《佛国山石像赞》	元至元二十六年（1289年）	冷泉溪南岸，与壑雷亭相对。石灰岩	《元史·世祖本纪》卷十七，清朝厉鹗《增修云林寺志》，清代阮元《两浙金石志》，清孙星衍、邢澍编《寰宇访碑录》，清代丁敬撰《武林金石记》，《明史》，《西湖石窟》（浙江省历史考古研究所），黄涌泉《杭州元代石窟艺术》，高念华《飞来峰造像》（文物出版社，2002年）	保存完整。这一造像是梵式藏传佛教佛部像的典范。无论肉髻、螺发、头型、开相、体型、姿态、背光、莲座乃至通过这种形象所表达出来的精神状态，都显示了当代喇嘛教像的样式特点。这种严格遵守密教造像仪轨的像式，成为固定不移的程式	杨琏真迦，唐兀（党项）人，僧侣。至元十四年（1277年），任元朝江南释教都总统（后改江淮释教都总统），掌江南佛教事务。次年，在宰相桑哥支持下，盗掘钱塘、绍兴宋陵，窃取陵中珍宝，弃尸骨于草莽之间。无量寿佛（注：在汉传佛教中无量寿佛与阿弥陀佛为同形异名）是飞来峰佛部像的第一大题材。反映了当时人们信仰西方净土阿弥陀佛的现象。到了元代施造无量寿佛，既有『祝延皇帝圣寿万岁』之愿，也有『祈保自身世寿延常』之意。在飞来峰，无量寿佛的数量占了佛部造像的差不多半数以上。龛下有长篇《大元国杭州佛国山石像赞》：『永福杨总统，江淮驰重望。旌灵鹫山中，向飞来峰上。凿破苍崖石，现出黄金像。……至元二十六年重阳日，住灵隐虎岩净伏谨述，大都海云易庵子安丹书，武林钱永昌刊。』
28	释迦如来像	□□造等	元至元（庚寅）二十七年四月（1290年）	龙泓洞、冷泉溪南岸等处，石灰岩	清朝厉鹗《增修云林寺志》，清代阮元《两浙金石志》，清孙星衍、邢澍编《寰宇访碑录》，《西湖石窟》（浙江省历史考古研究所），黄涌泉《杭州元代石窟艺术》，高念华《飞来峰造像》（文物出版社，2002年）	保存完整	此系列像高分别是：高2.02米、高5.00米、高1.35米。分布情况是：龙泓洞口外（一身）、龙泓洞口悬崖（一身）、龙泓洞口外悬崖（一身）、冷泉溪南岸悬崖（一身）

29	普贤骑象等龛像	□□麻斯	元至元（庚寅）二十七年五月(1290年）	通天洞西侧，石灰岩	清代阮元《两浙金石志》、《西湖石窟》（浙江省历史考古研究所）、黄涌泉《杭州元代石窟艺术》、高念华《飞来峰造像》（文物出版社，2002年）	造像基本完整，未见大损	龛高2.80米，宽1.71米。普贤高1.88米，像高1.16米，长1.67米。龛左题记：平江路僧判□□麻斯诚心施财，命工镌造普贤菩萨一身，□□圣恩，以祈福禄寿命绵远者，至元庚寅五月初三日
30	无量寿佛	未详	元至元二十八年（1291年）	通天洞口外『一线天』三字左面	清代阮元《两浙金石志》、《西湖石窟》（浙江省历史考古研究所）、黄涌泉《杭州元代石窟艺术》、高念华《飞来峰造像》（文物出版社，2002年）	面部略有损毁，基座敦厚完整	龛高1.71米，宽1.35米。无量寿佛高1.32米。龛右题记一方：镌『无量寿佛』，旁刻『至元二十八年□□□□□□□』

天王像 局部 五代十国—吴越
杭州西湖南岸慈云岭资延寺
资料采集《中国美术全集》
黄山书社 2010年

序号	名称	造像者	年代	分布地点	文献出处	现存状况	备注
31	金刚手菩萨等立像	行宣政院使脱脱夫人□氏造	元至元（壬辰）二十九年闰六月（1292年）	理公塔西侧，石灰岩	明朝吴之鲸《武林梵志》、清代阮元《两浙金石志》，清孙星衍、邢澍编《寰宇访碑录》，邵长蘅《飞来峰记》、黄涌泉《杭州元代石窟艺术》、高念华《飞来峰造像》（文物出版社，2002年）	造像基本完整，神气活现	龛拱形，高1.70米，宽1.85米，金刚手菩萨高1.60米。这尊造像采用了夸张手法来表现粗矮壮健的体魄和愤怒相，饰有化佛的宝冠和项圈、璎珞、臂钏、脚环以及天衣等，不但在样式上异于汉式，连那薄贴于肉体或龛壁而毫无质感量感的表现手法，亦属『梵式』特点。龛壁的天衣，表现为空中翩翩的情景。龛左题记：大元国功德主荣禄大夫行宣政院使脱脱夫人□氏，谨发诚心，愿舍净财，命工镌造金刚手菩萨圣像一尊，端为祝延圣寿万安，保佑院使大人福禄增荣，寿命延远，家眷安和，子孙昌龄。至元二十九年闰六月日建
32	无量寿佛、文殊菩萨、救度佛母像	杨谨造	元至元（壬辰）二十九年闰六月（1292年）	呼猿洞	明人郎瑛《七修类稿》卷二十一、清朝厉鹗《增修云林寺志》、明代袁宏道《西湖记述·飞来峰》、《高僧传》、清代阮元《两浙金石志》、黄涌泉《杭州元代石窟艺术》、高念华《飞来峰造像》（文物出版社，2002年）	佛像主体保存完整，基座也完整。本尊无量寿佛高2.20米，作禅定相。救度佛母像高1.50米	佛龛下方题记：大元国功德主资政大夫行宣政院使杨谨发诚心，捐舍净财，命工镌造无量寿佛、文殊菩萨、救度佛母圣像三尊，祝延圣寿万岁，阔阔真妃寿龄绵远，甘木罗太子、贴木厄太子寿算千秋，祈保自身世寿延长，福基永固，子孙昌盛，如意吉祥者。至元壬辰二十九年仲秋吉日建

33	阿弥陀佛、观音、大势至3尊『西方三圣』	杨谨	元至元（壬辰）二十九年闰六月（1292年）	呼猿洞	清孙星衍、邢澍编《寰宇访碑录》，清代阮元《两浙金石志》、《西湖石窟》（浙江省历史考古研究所）、黄涌泉《杭州元代石窟艺术》、高念华《飞来峰造像》（文物出版社，2002年）	主体基本完整，左面像躯干部分断裂。本尊阿弥陀佛高2.05米，全跏趺坐式。观音和大势至各高1.50米，作半跏趺坐式	龛左刻有题记：大元功德主宣授江淮诸路释教都总统永福杨大师谨发诚心，捐舍净财，命工镌造阿弥陀佛、观世音菩萨、大势至菩萨圣像三尊，端为祝延皇帝圣寿万岁，阔阔真妃寿龄绵远，甘木罗太子、贴木厄太子寿算千秋，文武百官常居禄位，祈保自身世寿延长，福基永固，子孙昌盛，吉祥如意者。至元壬辰二十九年仲秋吉日建
34	多闻天王骑狮像	行宣政院使杨谨造	元至元二十九年七月（1292年）	冷泉溪南岸桥边，石灰岩	清孙星衍、邢澍编《寰宇访碑录》，清代阮元《两浙金石志》、《西湖石窟》（浙江省历史考古研究所）、黄涌泉《杭州元代石窟艺术》、高念华《飞来峰造像》（文物出版社，2002年）	手部有损毁，其余基本完整	龛高3.10米，宽2.80米，多闻天王高2.00米。龛左题记：大元国大功德主资政大夫行宣政院使杨谨发诚心，捐舍净财，命工镌造多闻天王圣像一尊，端为祝延皇帝万岁，国泰民安，法轮常转，四恩□报，三有遍格，法界众生，齐成佛道者。至元壬辰二十九年七月仲秋吉日建。龛额作『多宝天王』
35	救度佛母像	未详	元代	冷泉溪南岸（1身）、呼猿洞口西侧（1尊）	《西湖石窟》（浙江省历史考古研究所）、黄涌泉《杭州元代石窟艺术》、高念华《飞来峰造像》（文物出版社，2002年）	前一尊左手有损，主体及莲花座完整	一尊龛高1.52米，宽1.20米。救度佛母高1.45米，题记字迹风化无法辨认。另一尊龛高2.00米，宽1.90米。救度佛母高1.73米
36	佛像	未详	元代	冷泉溪南岸、龙泓洞口等，石灰岩	明朝吴之鲸《武林梵志》、清代阮元《两浙金石志》、《西湖石窟》（浙江省历史考古研究所）、黄涌泉《杭州元代石窟艺术》、高念华《飞来峰造像》（文物出版社，2002年）	保存完好，部分基座有裂纹，未见大的破坏	此几尊佛像的高度分别是：1.70米、1.80米、1.33米，余两尊不详。其中冷泉溪南岸悬崖（1身）有题记，但已风化不能辨认。冷泉溪南岸山腰小路南侧（1身）有题记，但已风化不能辨识。分布情况：冷泉溪南岸悬崖（1身）、冷泉溪南岸山腰小路南侧（1身）、冷泉溪南岸与壑雷亭相对（1身）、龙泓洞口北侧（1身）、龙泓洞口外悬崖（1身）
37	观世音、韦天将军、善财童子像	未详	元代	呼猿洞口东侧	清朝厉鹗《增修云林寺志》、清代阮元《两浙金石志》、《西湖石窟》（浙江省历史考古研究所）、黄涌泉《杭州元代石窟艺术》、高念华《飞来峰造像》（文物出版社，2002年）	主体基本完整。龛左有题记，字迹已经模糊	龛成长形，高2.40米，宽2.90米。观音居中，高1.50米，石座高0.85米。韦天将军高1.25米，善财高0.50米
38	金刚利菩萨像	未详	元代	通天洞口外东侧，一线天旁边	清朝厉鹗《增修云林寺志》、《西湖石窟》（浙江省历史考古研究所）、黄涌泉《杭州元代石窟艺术》、高念华《飞来峰造像》（文物出版社，2002年）	保存基本完好，未见大的破坏	方龛，高2.25米，宽1.65米。菩萨高1.60米
39	阿弥陀佛	未详	元代	冷泉溪南岸、通天洞、玉乳洞东口等处，石灰岩	明朝吴之鲸《武林梵志》、清朝厉鹗《增修云林寺志》、《西湖石窟》（浙江省历史考古研究所）、黄涌泉《杭州元代石窟艺术》、高念华《飞来峰造像》（文物出版社，2002年）	保存基本完整，未见大的破坏	此几尊阿弥陀佛高度分别是1.48米、1.51米、1.50米、2.25米、1.80米、1.40米、1.92米、1.74米。从高度看，形象很巨大，多尊超过真人高度。分布情况：冷泉溪南岸与法云弄相对（1身）、冷泉溪南岸悬崖（3身）、通天洞西侧（1身）、玉乳洞东口外（1身）、通天洞外『佛国』二字上方（1身）

序号	名称	造像者	年代	分布地点	文献出处	现存状况	备注
40	大白伞盖佛母像	未详	元代	通天洞口外	清代阮元《两浙金石志》，《西湖石窟》（浙江省历史考古研究所），黄涌泉《杭州元代石窟艺术》，高念华《飞来峰造像》（文物出版社，2002年）	主体基本完整，手部略有损坏	龛高2.35米，宽1.60米，佛母像高1.54米。刻题藏文、汉文各一行。汉文为：一切如来顶髻中出大白伞盖佛母
41	摩利支天像（也称摩利支女神）	未详	元代	冷泉溪南岸（2身）	清代阮元《两浙金石志》，《西湖石窟》（浙江省历史考古研究所），黄涌泉《杭州元代石窟艺术》，高念华《飞来峰造像》（文物出版社，2002年）	造像完整	一尊龛高1.95米，宽1.60米，像高1.50米。另一尊龛高2.75米，宽2.15米，像高2.10米。无题记。摩利支女神为佛教护法菩萨，梵文『摩利支』（Marīcī），意为光明，所以在藏地被称为『光明天母』，具有广大自在神通，念其名号能速离灾厄，诵其咒语能够隐身免受诸难，尤其受武士阶层崇拜供奉，在中国西藏、日本较有声望，可谓家喻户晓
42	弥勒像	未详	元代	龙泓洞口外悬崖（1身）、龙泓洞口外北侧（1身）	《宋僧传》、《传灯录》，明代如惺《龙华忏仪》，《西湖石窟》（浙江省历史考古研究所），黄涌泉《杭州元代石窟艺术》，高念华《飞来峰造像》（文物出版社，2002年）	造像保存完整，手部略有损坏	此两尊弥勒像分别高2.50米、1.50米
43	普慈观音像	未详	元代	龙泓洞口外	《西湖石窟》（浙江省历史考古研究所），黄涌泉《杭州元代石窟艺术》，高念华《飞来峰造像》（文物出版社，2002年）	整体完好，未见大的破坏。手部略损	龛高3.06米，宽1.96米。观音高2.63米。头戴宝冠，冠上饰化佛。体态雍容，立于莲台上
44	菩萨、金刚像	未详	元代	龙泓洞口南侧	《西湖石窟》（浙江省历史考古研究所），黄涌泉《杭州元代石窟艺术》，高念华《飞来峰造像》（文物出版社，2002年）	保存完好	龛成凸字形，中部高3.82米，底部宽3.13米
45	大势至菩萨	未详	元代	冷泉溪南岸	《西湖石窟》（浙江省历史考古研究所），黄涌泉《杭州元代石窟艺术》，高念华《飞来峰造像》（文物出版社，2002年）	保存完好	龛高2.04米，宽1.05米。大势至高1.36米，半跏趺式坐。头戴宝冠，冠上饰宝瓶。端坐平台，台高0.48米
46	菩萨像	未详	元代	冷泉溪南岸、理公塔、通天洞、龙泓洞等处。石灰岩	清孙星衍、邢澍编《寰宇访碑录》、《西湖石窟》（浙江省历史考古研究所），黄涌泉《杭州元代石窟艺术》，高念华《飞来峰造像》（文物出版社，2002年）	主体保存完整，部分手部、头部略有损坏	像的高度在2.00米至0.67米之间，大多数在1.0米以上。分布情况是：冷泉溪南岸（十一身）、理公塔西面（四身）、通天洞口外（二身）、龙泓洞口外（一身）、龙泓洞西壁（二身）

47	密理瓦巴及两侍女像	录范□真	元代	冷泉溪南岸	明朝吴之鲸《武林梵志》、清代阮元《两浙金石志》，《西湖石窟》（浙江省历史考古研究所），黄涌泉《杭州元代石窟艺术》，高念华《飞来峰造像》（文物出版社，2002年）	像龛虽已损毁严重，却也是元代梵式造像中的代表。一侍女头部尽毁，另一尊也损毁严重	密理瓦巴即梵文virupa，亦译成毗卢波、比尔瓦巴与乌那巴等。他是古印度修习佛教密法卓有成就的八十四位大成就者之一。全龛造像的头部，都已遭受人为的破坏。明代知府陈仕贤、散文家张岱两人曾先后发生捣毁杨琏真伽像头之举。这龛像的头部从描述看疑为张岱所误击，而真正的杨琏真伽像，却至今安然无恙。题记文字有损毁，约略能见：『平江路僧录范□真谨发诚心，命工刊造密理瓦巴一堂，上祝……』密理瓦巴形象魁梧，头部残损，右手前举指日，身躯后倾，左肘倚台座，手托颅钵（手残，钵已佚），右膝与腰间围扎禅思带。龛中有大酒缸，缸前雕一前一后侧身面向主尊，手捧酒壶、食钵的两侍女像。主尊密理瓦巴裸形踞坐，仅着短裙，人物性格特征鲜明
48	阿弥陀佛	未详	明代	玉乳洞	清孙星衍、邢澍编《寰宇访碑录》，《西湖石窟》（浙江省历史考古研究所），黄涌泉《杭州元代石窟艺术》，高念华《飞来峰造像》（文物出版社，2002年）	头部、手等有损毁	像高0.50米。有题记，但已无法辨认。背光饰火焰纹

序号	名称	造像者	年代	分布地点	文献出处	现存状况	备注
49	菩萨像（共3身）	未详	明代	冷泉溪南山腰小道旁	《西湖石窟》（浙江省历史考古研究所）、黄涌泉《杭州元代石窟艺术》、高念华《飞来峰造像》（文物出版社，2002年）	基本保存完整，未见大的破坏	梯形龛，高1.10米，上宽0.84米，下宽1.02米。菩萨像高0.90米。左右像高0.34米
50	托塔天王像	未详	明代	青林洞口外西侧	民国十年（1921年）胡祥翰《西湖新志》、黄涌泉《杭州元代石窟艺术》、高念华《飞来峰造像》（文物出版社，2002年）	风化严重，大形尚在	天王高0.44米
51	重装佛像记	答失蛮	元至大三年（1310年）九月	未详	清孙星衍、邢澍编《寰宇访碑录》，《武林金石记》，清代阮元《两浙金石志》卷十五《元答失蛮重装佛像记》，黄涌泉《杭州元代石窟艺术》	未详	即祝圣碑。《两浙金石志》卷十五《元答失蛮重装佛像记》记载：灵隐禅寺得到左丞相答失蛮布施金子彩色，佛像得以重装
52	理公岩记（篆书）	周伯琦（又名周伯温）赞	元至正十六年（1356年）二月	青林洞附近	明朝吴之鲸《武林梵志》，清朝厉鹗《增修云林寺志》，清代阮元《两浙金石志》，清孙星衍、邢澍编《寰宇访碑录》，《西湖志》，黄涌泉《杭州元代石窟艺术》，高念华《飞来峰造像》（文物出版社，2002年）	保存基本完好。崖面高约2.2米，宽1.65米，深0.2米。凡十三行，满十七字，共211字。记述了元至元十六年（1279年）元帅伯颜在此「捐金庀工，载凿岩石，刻十佛及补陀大士像。」	《两浙金石志》，《寰宇访碑录》，十六年并作十八年。《西湖志》：记载杭州西湖的方志。大清雍正九年（1731年）由浙江总督李卫监修，傅王露总纂，共四十八卷。西湖有志，始于明嘉靖年间田汝成纂《西湖游览志》，此志多记湖山之胜，体例在地志、杂史之间。傅王露的《西湖志》与田志不同，全仿「通志」体例，分门记载，列目二十：水利、名胜、山水、堤塘、桥梁、园亭、寺观、祠宇、古迹、名贤、方外、物产、冢墓、碑碣、撰述、书画、艺文、诗话、志余、外纪。征引颇多，史料丰富。书中名胜卷以图为主，共四十一幅。第一幅是西湖全图
53	普恩真身宝塔	吴越王钱俶命永明大师所建	北宋建隆元年（960年）	灵隐寺大雄宝殿前左右，石灰岩	明朝吴之鲸《武林梵志》，清朝厉鹗《增修云林寺志》，清代阮元《两浙金石志》	塔刹已毁	塔在第三层上有石匾书「吴兴广济普恩真身宝塔」。两石塔东西对称，现存高11米左右，相距42米，结构相同，皆为八面九层，用石料雕刻砌筑而成，仿木构楼阁式塔

54	陀罗尼经幢	灵隐寺住持延珊迁建	北宋开宝年间（969年）吴越王建立	灵隐寺天王殿前左右，石灰岩	明朝吴之鲸《武林梵志》、清朝厉鹗《增修云林寺志》、清代阮元《两浙金石志》、清代光绪《浙江通志·寺观》	损毁严重。东幢仅存中、下层石柱，上层已毁	两经幢分别位于天王殿东西两侧，据经幢所镌之《建幢记》及附记中所载：石幢由吴越国王建造于北宋开宝二年（969年），原立于钱氏家庙奉先寺，后吴越国纳土于宋，奉先寺毁，乃于景佑二年（1035年）由灵隐寺住持延珊迁建于今址，原为十二层，现已残损，为多层八面形，下部三层须弥座，幢身上刻『随求即得大自在陀罗尼』和『大佛顶陀罗尼』经文
55	慧理大师塔又名『理公之塔』	初建难考	明万历十八年（1590年）重建	飞来峰冷泉桥旁，石灰岩	清朝厉鹗《增修云林寺志》、清代阮元《两浙金石志》	砖石结构。保存基本完整	慧理为西印度僧人，史称『天竺僧』。《灵隐寺志·开山卷》称：『慧理连建五刹，灵鹫、灵山、灵峰等或废或更，而灵隐独存，历代以来，永为禅窟。』东南面镌有明万历十六年春『慧理大师塔铭』一方，西南面镌有『卢字大明神咒』碑记一方。宋施谔《临安志》引晏殊《舆地志》记载：『晋咸和元年（326年），西天僧慧理登兹山，叹曰：此乃中天竺国灵鹫山之小岭，不知何年飞来？佛在世日，多为仙灵所隐，今此亦复尔邪？因挂锡造灵隐寺，号飞来峰。』

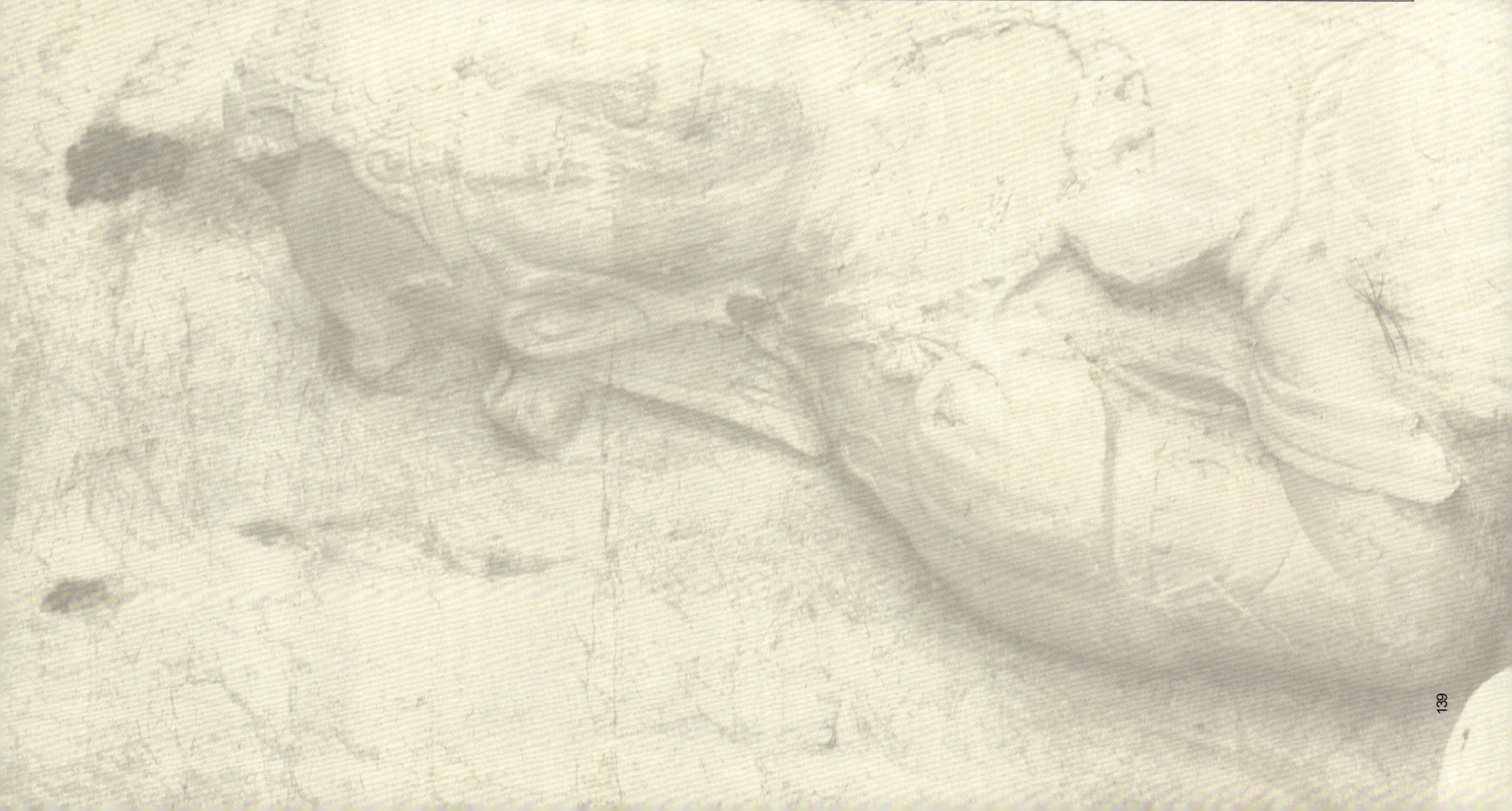

2013年11月6日
何鸿 拍摄
杭州灵隐寺飞来峰造像现状

执经罗汉像
五代十国——吴越
高 102 厘米
杭州西湖南岸翁家山南山石刻烟霞洞
资料采集《中国美术全集》
黄山书社 2010 年

弟子像 南宋
杭州北高峰东南飞来峰布袋弥勒左侧之一
资料采集《中国美术全集》
黄山书社 2010 年

弟子像 南宋
杭州北高峰东南飞来峰布袋弥勒左侧
资料采集《中国美术全集》
黄山书社 2010年

弟子像 南宋
杭州北高峰东南飞来峰布袋弥勒右侧
资料采集《中国美术全集》
黄山书社 2010年

國泰民安

供养菩萨
元代
敦煌莫高窟第465窟
浙江音乐学院
芮樱 绘

晚清时期的中天竺寺
瑞士阿道夫·克莱尔 摄影
(Adolf Krayer)

飞来峰
对比照
与左图对照
同一角度
2016年
陈楚男 拍摄
邵雯睿 测绘

飞来峰
布禄金刚座像
元代
第30龛
理公塔下
20世纪40年代摄影
拍摄者不详
庐江草堂藏

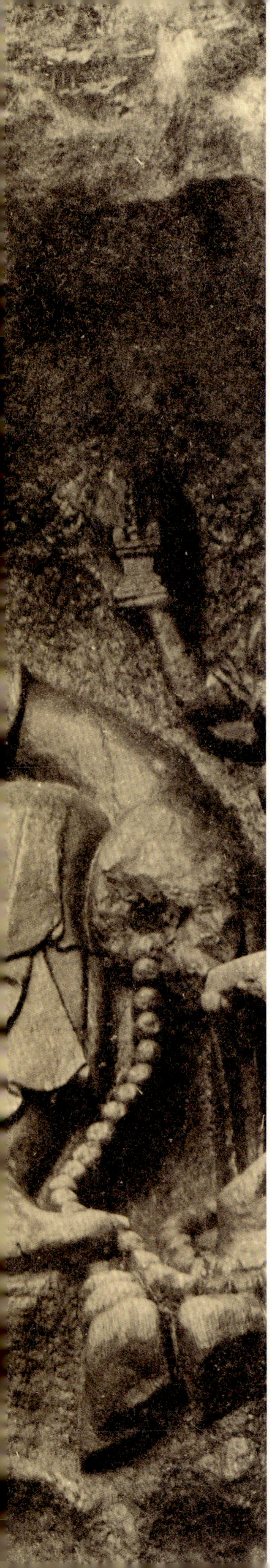

飞来峰
布袋弥勒造像
南宋
第68龛
高190厘米
宽260厘米
20世纪40年代摄影
拍摄者不详
庐江草堂藏

飞来峰
布袋弥勒造像
对比照
与左图对照
同一角度
2016年
陈楚男 拍摄
邵雯睿 测绘

飞来峰
观音菩萨造像
对比照
与前图对照
同一角度
2016年
陈楚男 拍摄
邵雯睿 测绘

飞来峰
观音菩萨造像
元代
第86龛
像高134厘米
20世纪40年代摄影
拍摄者不详
庐江草堂藏

飞来峰
对比照
与左图对照
同一角度
2016年
陈楚男 拍摄
邵雯睿 测绘

飞来峰
耿经像
北宋
第47龛
像高110厘米
宽210厘米
龙泓洞口外北侧
20世纪40年代摄影
拍摄者不详
庐江草堂藏

飞来峰
对比照
与左图对照
同一角度
2016年
陈楚男 拍摄
邵雯睿 测绘

飞来峰
青林洞口
左为弥勒坐像
元代
像高 250 厘米
第 42 龛
右上释迦佛坐像
元代
像高 147 厘米
第 88 龛
20 世纪 40 年代摄影
拍摄者不详
庐江草堂藏

飞来峰
对比照
与左图对照
2016年
陈楚男 拍摄
邵雯睿 测绘

飞来峰
西方三圣坐像局部
第59龛
元代

20世纪40年代摄影
拍摄者不详
庐江草堂藏

灵隐寺
对比照
与左图对照
同一角度
2016年
陈楚男 拍摄
邵雯睿 测绘

灵隐寺
双塔（西塔）
北宋建隆元年
（960年）
20世纪40年代摄影
拍摄者不详
庐江草堂藏

灵隐寺
对比照
与左图对照
同一角度
2016年
陈楚男 拍摄
邵雯睿 测绘

灵隐寺
双塔（东塔）
北宋建隆元年
（960年）
20世纪40年代摄影
拍摄者不详
庐江草堂藏

灵隐寺
对比照
与左图对照
同一角度
2016年
陈楚男 拍摄
邵雯睿 测绘

灵隐寺经幢
位列天王殿东西侧
（该图为西侧）
吴越国王始建于
北宋开宝二年（969年）
景佑二年（1035年）
迁至此地
20世纪40年代摄影
拍摄者不详
庐江草堂藏

灵隐寺
对比照
与左图对照
同一角度
2016年
陈楚男　拍摄

灵隐寺大雄宝殿前
晚清时期
瑞士阿道夫·克莱尔 拍摄
（Adolf Krayer）

灵隐寺
大雄宝殿
主佛现貌
1958年完成
2016年
何鸿　拍摄

灵隐寺大雄宝殿
造像设计稿之一
浙江美术学院（现
中国美术学院）
设计
1956年拍摄
庐江草堂藏

本在大佛的两边
有飞天伎乐背景
（见左边设计稿）
2016年
何鸿　拍摄

灵隐寺大雄宝殿
造像设计稿之一
浙江美术学院（现
中国美术学院）
设计
1956年拍摄
拍摄者不详
庐江草堂藏

本在大佛的两边
有飞天伎乐铺背景
（见左边设计稿）
2016年
何鸿　拍摄

灵隐寺大雄宝殿
造像设计稿之一
浙江美术学院（现
中国美术学院）
设计
1956年拍摄
拍摄者不详
庐江草堂藏

杭州西湖靈隱寺大雄寶殿佛像初步設計圖

杭州灵隐寺大雄宝殿主佛设计初稿
（2012年何鸿先生捐赠给灵隐寺
方丈光泉大和尚接赠）
（右图）

灵隐寺大雄宝殿
造像设计施工图等
浙江美术学院（现中
国美术学院）设计
1956年拍摄
拍摄者不详
庐江草堂藏

南宋　飞来峰布袋弥勒像

南宋　飞来峰布袋弥勒周围之罗汉（部分）

南宋　飞来峰布袋弥勒周围之罗汉（部分）

南宋
飞来峰布袋弥勒
周围之罗汉（部分）

杭州飞来峰造像
1956—1985年拍摄
1986年10月出版《西湖石窟》
本图片摄影由强超美、
钱予强先生完成

南宋
飞来峰布袋弥勒
周围之罗汉（部分）

杭州飞来峰造像
1956-1985 年拍摄
1986年10月出版《西湖石窟》
本图片摄影由强超美、
钱予强先生完成

南宋
飞来峰布袋弥勒
周围之罗汉（部分）

南宋
飞来峰布袋弥勒
周围之罗汉（部分）

宋代　飞来峰朱士行取经浮雕

飞来峰元代造像群之一角

飞来峰造像群之一角

宋代　飞来峰唐玄奘取经、白马驮经及朱士行取经浮雕（全景）

杭州飞来峰造像
1956—1985年拍摄
1986年10月出版《西湖石窟》
本图片摄影由强超美、
钱予强先生完成

宋代
飞来峰唐玄奘取经
浮雕

宋代
飞来峰青头
观世音像

元代
飞来峰佛像

元至元二十六年
（1289）
飞来峰无量寿佛像

元至元二十□年
（1283—1292）
飞来峰“西方三圣”之观世音像

杭州飞来峰造像
1956—1985年拍摄
1986年10月出版《西湖石窟》
本图片摄影由强超美、
钱子强先生完成

元代
飞来峰弥勒像

杭州大佛寺佛迹遗存 宋代
1956—1985 年拍摄
1986年10月出版《西湖石窟》
本图片摄影由强超美、
钱予强先生完成

杭州大佛寺佛迹遗存
2016 年
何鸿 拍摄

南观音洞口

杭州南观音洞造像
1956—1985年拍摄
1986年10月出版《西湖石窟》
本图片摄影由强超美、
钱予强先生完成

南宋嘉定元年（1208） 南观音洞罗汉像

南宋开禧年（1205—1207） 南观音洞罗汉像

南宋开禧年（1205—1207） 南观音洞罗汉像

宋代 南观音洞佛像

宋代　圣果寺罗汉像（部分）

五代吴越　圣果寺“西方三圣”残迹

宋代　圣果寺罗汉像

宋代　圣果寺罗汉之一

杭州胜果寺造像
1956—1985年拍摄
1986年10月出版《西湖石窟》
本图片摄影由强超美、
钱予强先生完成

宋代
石龙院菩萨像

宋代
石龙院金刚力士像

宋代
石龙院罗汉像
（部分）

宋代
石龙院罗汉像

杭州石龙院造像
1956—1985年拍摄
1986年10月出版《西湖石窟》
本图片摄影由强超美、
钱子强先生完成

宋代　石龙院千佛像

杭州石龙院造像
1956-1985 年拍摄
1986年10月出版《西湖石窟》
本图片摄影由强超美、
钱予强先生完成

宋代　石龙院罗汉像（部分）

杭州西湖圣因寺菩萨造像拓片
186厘米×90厘米
嵩山周璕写
清初
庐江草堂藏

疑似宝石山弥勒造像
20世纪40年摄影
拍摄者不详
庐江草堂藏
几年调查未发现该遗
存，或已毁

疑似宝石山佛教造像
20世纪40年代摄影
拍摄者不详
庐江草堂藏
几年调查未发现该遗存，或已毁

宝石山保俶塔下
2016年
陈楚男　拍摄

疑似宝石山造像旧影
20世纪40年代摄影
拍摄者不详
庐江草堂藏

『重走梁思成之路』课题组杭州西湖石窟勘察纪实

第一次勘察：

时间：2015 年 9 月 14 日 8 时 30 分—11 时 30 分

地点：烟霞洞石窟及附近 200 米径范围

天气：晴转雨，因雨结束

周边环境：潮湿、蚊虫很多

组长：何鸿

组员：邵雯睿（中国美术学院 2015 级艺术鉴赏专业硕士研究生）

李豪娅（中国美术学院 2015 级艺术鉴赏专业硕士研究生）

陈楚男（中国美术学院影视动画学院摄影专业毕业生）

外援导师：赵一豪、毕艳胜

分工：何鸿负责全面统筹安排

邵雯睿、李豪娅负责测绘、勘察、记录、草图等

陈楚男负责摄影（对比照）

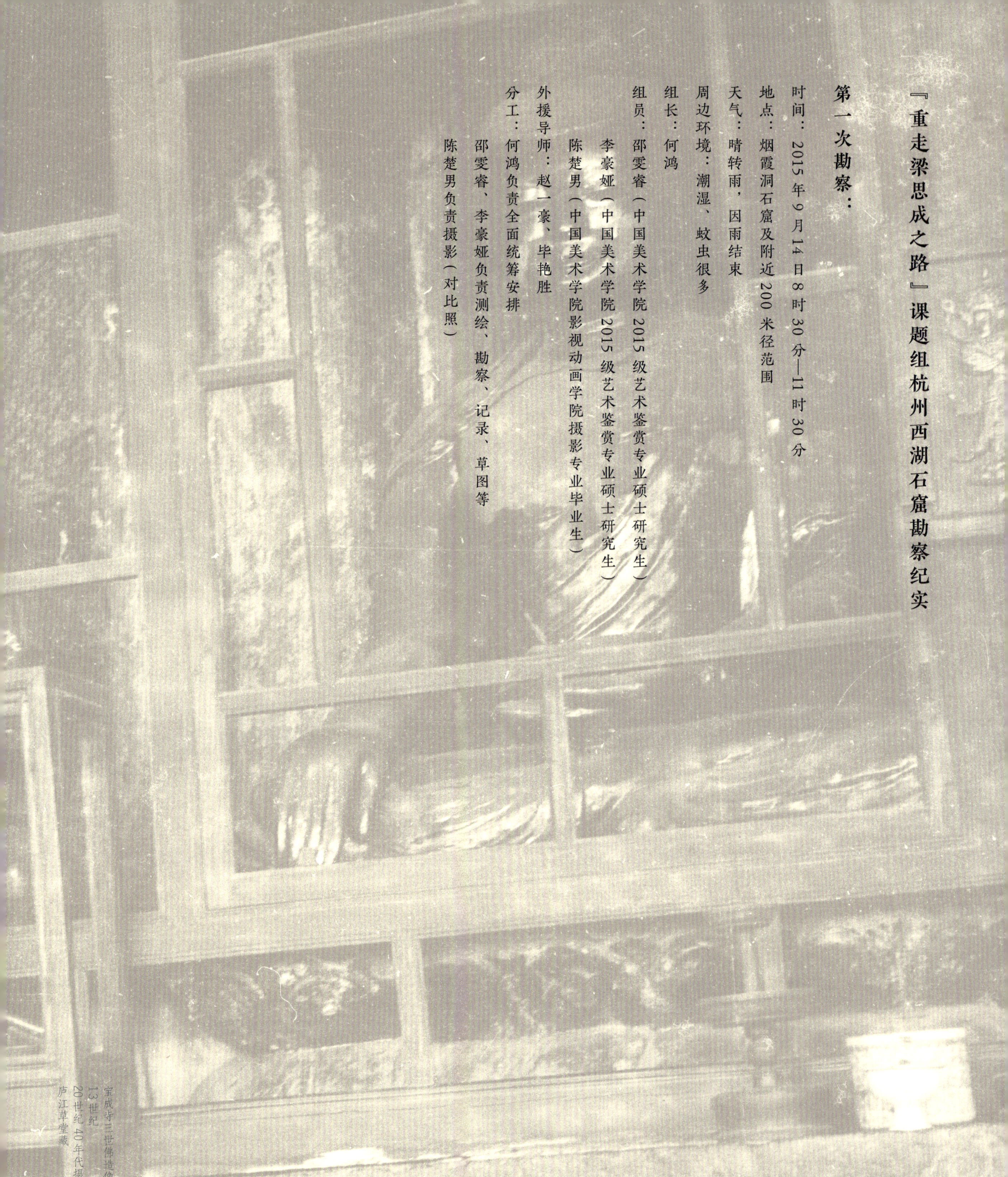

宝成寺三世佛造像

13世纪

20世纪 40 年代摄影

庐江草堂藏

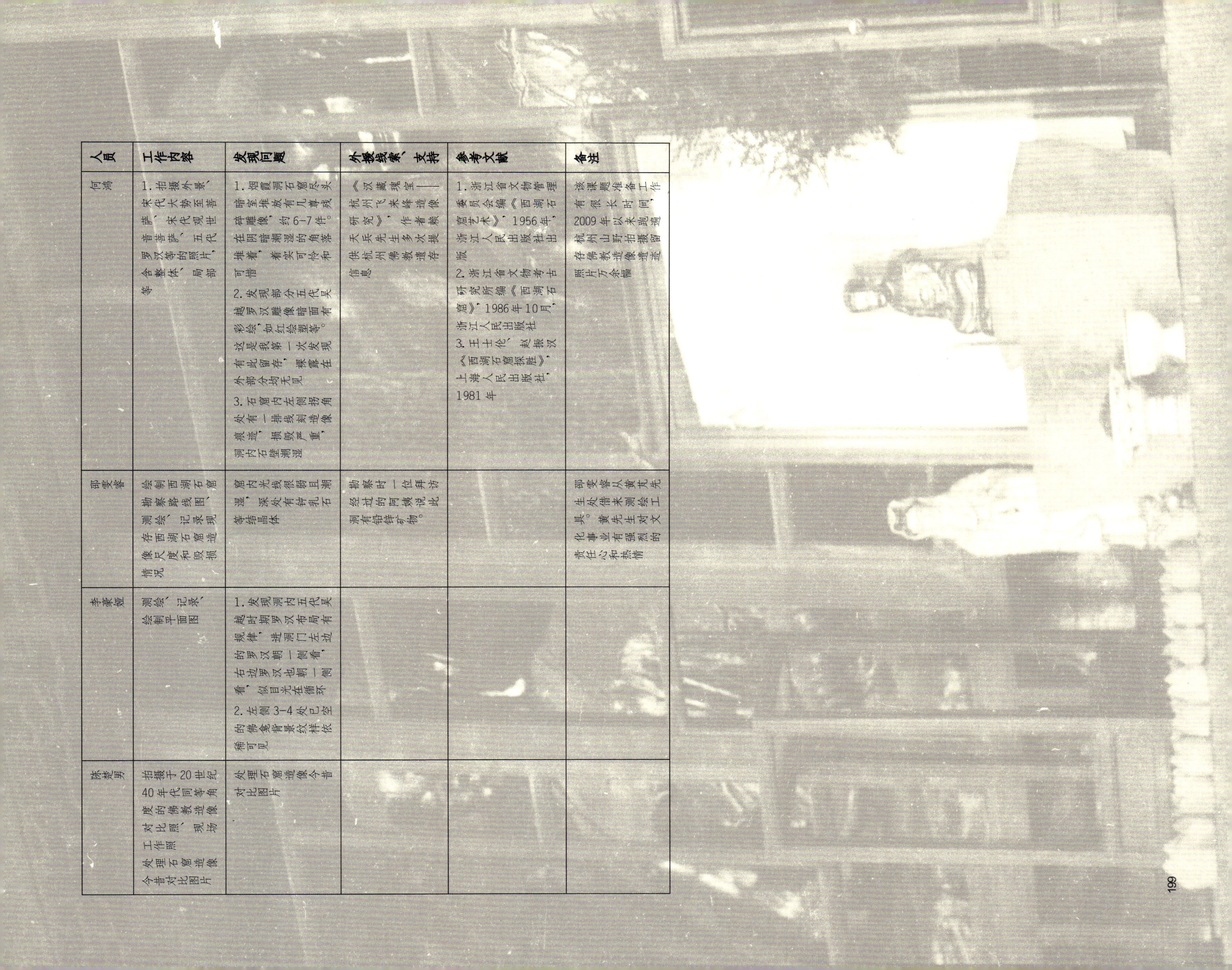

人员	工作内容	发现问题	外援线索、支持	参考文献	备注
何鸿	1.拍摄外景、宋代大势至菩萨、宋代观世音菩萨、五代罗汉等的照片，含整体、局部等	1.烟霞洞石窟尽头暗室堆放有几尊残碎雕像，约6–7件。在阴暗潮湿的角落堆着，着实可怜和可惜 2.发现部分五代吴越罗汉雕像暗面有彩绘，如红绘塑等。这是我第一次发现有此留存，裸露在外部分均无见 3.石窟内左侧拐角处有一排线刻造像痕迹，损毁严重，洞内石壁潮湿	《汉藏瑰宝——杭州飞来峰造像研究》，作者赖天兵先生多次提供杭州佛教遗存信息	1.浙江省文物管理委员会编《西湖石窟艺术》，1956年，浙江人民出版社出版 2.浙江省文物考古研究所编《西湖石窟》，1986年10月，浙江人民出版社 3.王士伦、赵振汉《西湖石窟探胜》，上海人民出版社，1981年	该课题准备工作有很长时间，2009年以来跑遍杭州山野拍摄留存佛教造像遗迹照片万余幅
邵雯睿	绘制西湖石窟勘察路线图、测绘、记录现存西湖石窟造像尺度和毁损情况	窟内光线很弱且潮湿，深处有钟乳石等结晶体	勘察时一位拜访经过的阿姨说此洞有铅锌矿物。		邵雯睿从黄艽先生处借来测绘工具。黄先生对文化事业有强烈的责任心和热情
李豪娅	测绘、记录、绘制平面图	1.发现洞内五代吴越时期罗汉布局有规律，进洞门左边的罗汉朝一侧看，右边罗汉也朝一侧看，似目光在循环 2.左侧3–4处已空的佛龛背景纹样依稀可见			
陈楚男	拍摄于20世纪40年代同等角度的佛教造像对比照、现场工作照 处理石窟造像今昔对比图片	处理石窟造像今昔对比图片			

2013年9月18日，何鸿拍摄杭州南山石窟烟霞三洞之一水乐洞佛教造像遗存，图中的阿婆提供了很多信息，谈到『文革』毁像情形，直叹可惜，现造像无存。

2013年9月18日－2015年10月
杭州南山石窟烟霞三洞造像
何鸿 拍摄

第二次勘察：

时间：2015 年 10 月 10 日 8 时 30 分—11 时 30 分

地点：烟霞洞石窟及附近 200 米直径范围

天气：晴好

周边环境：桂花暗香，因头天下雨，潮湿、蚊虫多

组长：何鸿

组员：邵雯睿（中国美术学院 2015 级艺术鉴赏专业硕士研究生）

李豪娅（中国美术学院 2015 级艺术鉴赏专业硕士研究生）

陈楚男（中国美术学院影视动画学院摄影专业毕业生）

外援导师：赵一豪、毕艳胜

分工：何鸿负责全面统筹安排

邵雯睿、李豪娅负责测绘、勘察、记录、草稿等

周红、陈楚男负责摄影、摄像

人员	工作内容	发现问题	外援线索、支持	参考文献	备注
何鸿	全面统筹	1.烟霞洞石窟尽头暗室堆放有几尊残碎雕像，约6—7件	1.中国美术学院艺术管理与教育学院美术教育系王犁老师认为烟霞洞等在太平天国时期（1851—1864年）破坏也相当严重，不能全归于『文革』 2.当班保安宋师傅提供线索说烟霞洞三洞之一的石屋洞曾遭日本人破坏。堆放在后室的石窟残像为破坏的五代罗汉雕像 3.中国美术学院楼森华老师也认为太平天国时期的破坏程度胜过『文革』时期 4.2010年我在水乐洞调查佛教造像时，住在附近的阿婆和我描述『文革』时期她们亲眼看到有人破坏，但很无奈	1.浙江省文物管理委员会编《西湖石窟艺术》，浙江人民出版社出版，1956年。 2.浙江省文物考古研究所编《西湖石窟》，浙江人民出版社，1986年10月。 3.王士伦、赵振汉《西湖石窟探胜》，上海人民出版社，1981年	
邵雯睿	测绘、记录所有留存20世纪40年代石窟佛影	五代罗汉雕像的指甲，雕刻逼真细腻	当班保安宋师傅发现宋代观音菩萨身上腰部的石头组合不一样，疑为后来修补		
李豪娅	测绘、记录、绘制造像分布图	发现五代吴越时石雕罗汉身上不同部位有赭石色彩绘残片，并有一定厚度，统计出有五尊罗汉右侧耳垂、肩膀、手指、脚趾等不同部位留有残片，推测是不受阳光直射的部位		《青州龙兴寺佛教造像艺术》山东美术出版社，2014年5月1日	
陈楚男	拍摄于20世纪40年代同等角度的对比照、工作照 处理石窟造像今昔对比图片		联系该区域文管所拍摄烟霞洞石窟等事宜，说明来意，允许拍摄，很顺利		近一月来开始有保安轮班巡视，不许拍照

2015年10月，烟霞洞工作照，参与人员何鸿、陈楚男、邵雯睿、李豪娅、刘晖阳、灏贤等

烟霞洞工作照
2015年10月
周红，陈楚男等摄影

第三次勘察：

时间：2015 年 11 月 3 日 9 时 00 分—11 时 30 分

地点：玉皇山慈云岭造像

天气：晴好

组长：何鸿

组员：邵雯睿（中国美术学院 2015 级艺术鉴赏专业硕士研究生）

李豪娅（中国美术学院 2015 级艺术鉴赏专业硕士研究生）

陈楚男（中国美术学院影视动画学院摄影专业毕业生）

外援导师：赵一豪、毕艳胜

分工：邵雯睿、李豪娅负责测绘、勘察、记录等

周红负责拍摄考察视频记录、照片

陈楚男负责摄影（对比照）

宝石山弥勒造像
20 世纪 40 年代摄影
庐江草堂藏

人员	工作内容	发现问题	外援线索、支持	参考文献	备注
邵雯睿	测绘、记录、窟龛高度、造像高度等	1.主龛共七座佛像，左一与右一两尊金刚力士像的手持法器均断裂，左一处金刚力士像的左边大腿处残破 2.左二菩萨立像头部疑似重修，与其他几尊佛像的风格差异大，大腿处残破 3.左三观世音菩萨坐像头部鼻梁处有修补痕迹，手部断裂。背景有火焰纹环绕 4.中间本尊阿弥陀佛头部与身体处风格差异大，手部残破，左右衣袖处有断裂，且莲花座微残 5.右三大势至菩萨头部与肩处有修补痕迹，左右手残破 6.右二菩萨立像有黑色修补过的痕迹。 7.主龛右侧有『新建镇国资延遐龄石像之记』十二字篆书题额和『佛牙赞』碑形摩崖石刻一块以及『佛法僧』等摩崖石刻 8.主龛北面有一地藏龛，地藏菩萨像手部残破，眉心疑似宝石被窃。左胁侍鼻梁处有修补痕迹，手部与左侧衣袖残破。右侧胁侍身体与头部有淡黄色石头纹路 9.地藏龛右侧有一小龛，佛像处只剩底座	1.经管理人员允许，可进入围栏内部测量 2.与管理员交流中了解洞窟与佛像等的精确数据，玉皇山研究人员已测量多次，且在已残破的石碑中有显示 3.从管理员处了解到，修补中的慈云岭造像的题字石碑已修补并闲置空缺多日		
李豪娅	测绘、记录、绘制平面图、绘制造像分布图	1.慈云岭造像共有两龛有多处损毁残缺与修补。①主龛三尊坐像，合称『西方三圣』。中间为阿弥陀佛，左侧脸颊与鼻子为后期修补；左侧为观音菩萨，双手一残缺，右侧为大势至菩萨，左侧脸颊与鼻头为修补，双手已残缺，右手臂飘带垂落处于20世纪40年代旧影相比已断裂。②3尊坐像两侧有两尊菩萨立像，右侧菩萨面部为后期修补而成。③两尊菩萨立像两侧为金刚力士像，两尊手执宝钺的长杆都已断裂。④主龛左侧的地藏龛，中间的地藏菩萨额头镶嵌物已遗失，右手虽为后期修缮，但也为残缺状，两侧的供养人面部亦有损坏，现有修缮。⑤主龛龛楣上的飞天、七贤、普贤、文殊、迦陵频伽浮雕与地藏龛龛楣上的『六道轮回』浮雕依稀可见，但有些被风化。 2.大门左侧的石碑介绍由于环境影响已脱落，正在进行后期修补工作	经风景区管理人员允许，可进入围栏内部测量	浙江省文物考古研究所编《西湖石窟》浙江人民出版社，1986年10月	组长何鸿因上课、开会没有参加此次勘察，但之前做过详细调查和拍摄工作
陈楚男	拍摄20世纪慈云岭造像旧影与现窟同位置对照处理石窟造像今昔对比图片				

杭州玉皇山慈云岭佛教造像遗存
2013年9月30日
何鸿 拍摄

第四次勘察：

时间：2015 年 11 月 10 日 8 时 40 分—11 时 30 分

地点：烟霞洞石窟、石屋洞

天气：出发时阴天，抵达石窟地晴好出太阳，可谓佛光普照

周边环境：烟霞洞潮湿，石屋洞外边茶室在装修，秩序很乱、建筑材料洒落一地

组长：何鸿

组员：邵雯睿（中国美术学院 2015 级艺术鉴赏专业硕士研究生）

李豪娅（中国美术学院 2015 级艺术鉴赏专业硕士研究生）

陈楚男（中国美术学院影视动画学院摄影专业毕业生）

周红（中国美术学院宣传部）

刘晖阳（中国美术学院基础部大一学生、学院记者团成员）

此外，还有邵雯睿邀请的灏贤同学等，一行共８人。

外援导师：赵一豪、毕艳胜

分工：何鸿负责全面统筹安排

邵雯睿、李豪娅负责测绘、勘察、记录、草图等

周红负责拍摄考察视频、照片

陈楚男负责摄影（对比照）

人员	工作内容	发现问题	外援线索、支持	参考文献	备注
何鸿	现场授课讲解烟霞洞的存在现状、破坏背景。比较石屋洞内造像的变化、破坏情况	石屋洞内的五百罗汉在后修复的过程中有大量的不同，未按原貌修复。很多部位的罗汉像数量也有变化，如主尊龛右上方岩壁的罗汉，本为四尊一列，后修复时只有三尊。窟龛中间的主尊，原为七尊像，后修复为三尊，且面貌完全不同。在百度等网站上介绍石屋洞右边的一个洞窟，旁有勒石题记为『别石院』，实则是『石别院』。 在石屋洞遇见上海赶来的荷兰外交官 jan bestebereurtje，在王女士的陪同和翻译下，饶有兴致地了解了我们所做的工作，这些毁灭殆尽或残存的千年造像残体在年复一年叶落中做着无声叹息和沉思	当日，一杭州市民看了我的杭州烟霞洞、石屋洞等旧影，认为日本人对烟霞洞、石屋洞破坏的可能性不大，他觉得日本人对传统文化很尊重，这是一个有意思的话题。石屋洞是在太平天国时期破坏较大	1. 瑞士阿道夫·克莱尔（Adolf Krayer）照片收藏《一个瑞士人眼中的晚清帝国》，其中有杭州照片三幅 2. 浙江省文物管理委员会编《西湖石窟艺术》，浙江人民出版社出版，1956 年 3. 浙江省文物考古研究所编《西湖石窟》，浙江人民出版社，1986 年 10 月 4. 王士伦、赵振汉《西湖石窟探胜》，上海人民出版社，1981 年	此次勘察邀请了中国美术学院书法专业硕士研究生、造型专业本科生与美术教育本科毕业生同学一起考察、探讨研究
邵雯睿	测绘、记录实况、绘制路线图、绘制造像分布图	烟霞洞：五代吴越时石雕罗汉隐藏的手臂部分有暗红色的彩绘，且有塑的特点，绘有一定的厚度，斑驳开片，若彩皮。因眼见部分都已剥蚀，很难发现 石屋洞：与 20 世纪 40 年代旧影进行比照后发现，主龛处三尊佛像位置与原作不同。主龛右上角一尊佛像与周边罗汉被凿且遗失。除了难以触及的位置，其余均为重新凿建。洞最高处有几尊罗汉与新建的罗汉造像有差异，疑为未破坏的原作	此次勘察邀请的中国美术学院书法专业硕士研究生潘灏贤同学发现多处摩崖石刻依稀可见，年代均在清以前		
李豪娅	记录、测量（烟霞洞查遗补漏）、绘制石屋洞造像分布图、观察研究	1. 石屋洞洞中有洞，洞穴相连 2. 主龛现有三尊坐像，为后期修缮，与 20 世纪与 20 世纪 40 年代旧影进行对照，原为中间一尊坐像，两侧各有三尊菩萨立像 3. 主龛龛楣处的飞天造像与原貌造型有一定差异，一次后期修缮 4. 主龛右上侧原有一观音坐像，想也空缺。 5. 主龛左前方洞穴的一面墙壁下方多出一处石头，猜想为后人支撑墙壁所为 6. 石屋洞中墙壁处有许多小罗汉造像，与 20 世纪 40 年代旧影对照，多有造型不一，后期重塑。洞中很多墙壁与烟霞洞相似，很多碑帖等文字被很整齐的『割』走了	此次烟霞洞勘察又遇第二次勘察的当班保安宋师傅，讲述了他对烟霞洞石窟的文化见解，并想写一些文章来记录。	《青州龙兴寺佛教造像艺术》山东美术出版社，2014 年 5 月 1 日	
陈楚男	拍摄于 20 世纪 40 年代同等角度的对比照、工作照 处理石窟造像今昔对比图片				
周红	摄像、拍摄工作照和石窟造像照片				说明来意，保安师傅让拍照
刘晖阳	拍摄、报道、采访勘察工作	成果发表在中国美术学院『微国美』公众号『重走梁思成之路』第一站，2015 年 12 月 16 日			

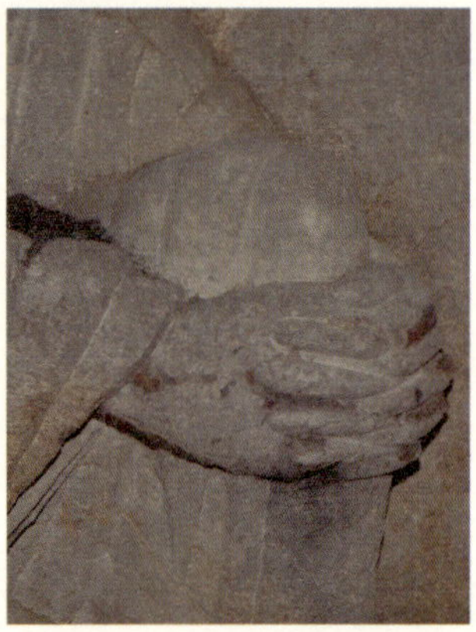

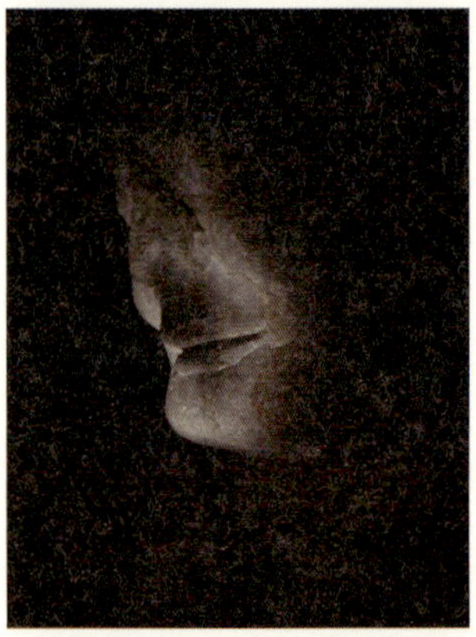

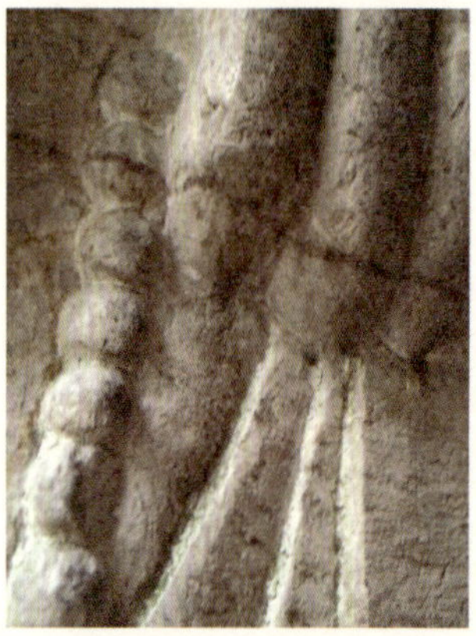

2013年9月18日-2015年10月
杭州南山石窟烟霞洞造像
何鸿 拍摄

第五次勘察：

时间：2015 年 12 月 16 日全天

地点：吴山宝成寺、天龙寺、南观音洞

天气：晴冷，气温在零下，空气通透

周边环境：吴山上人少，旁边有米芾体『第一山』等摩崖石刻

组长：何鸿

组员：邵雯睿（中国美术学院 2015 级艺术鉴赏专业硕士研究生）

李豪娅（中国美术学院 2015 级艺术鉴赏专业硕士研究生）

陈楚男（中国美术学院影视动画学院摄影专业毕业生）

周红（中国美术学院宣传部）

刘晖阳（中国美术学院基础部大一学生、学院记者团成员）

李雨晨（中国美术学院艺术鉴赏造像与器物专业方向 14 级本科生）

外援导师：赵一豪、毕艳胜

分工：何鸿负责全面统筹安排

邵雯睿、李豪娅负责测绘、勘察、记录、草图等

周红负责拍摄考察视频、照片

陈楚男负责摄影（对比照）

敦煌莫高窟第三窟
元代千手观音造像　线稿
150 厘米 ×140 厘米
2014 年
中国美术学院
王燕　绘

人员	工作内容	发现问题	外援线索、支持	参考文献	备注
何鸿	全面统筹拍摄等工作	1. 宝成寺三世佛三尊像前加置了栏杆，将原来的木框门栏全部拆除了，佛像均裸面朝外，麻曷嘎拉造像没有大的破坏 2. 宝成寺有少量游客参观 3. 八卦田旁边（北面）的天龙寺破坏也严重，游客稀少，地上寺顶铺满落叶，有静谧之音也有萧瑟之感。游客稀少 4. 南观音寺位于南山路索道南口，喧闹中的宁静。主要窟龛常年关闭，室外有住房据说有人住，何鸿先生去过几次只有一次拍摄到今天的面貌，破坏较大。从现场看基本上没什么管理。靠南面的窟龛损毁殆尽，外面有店铺茶肆和住户	宝成寺王兴臣先生提供了诸多宝成寺的资讯。并提供了宝成寺背后山崖上『千佛崖』的信息，可惜全毁，只有隐隐约约的凿痕和佛迹。	1. 瑞士阿道夫·克莱尔（Adolf Krayer）照片收藏《一个瑞士人眼中的晚清帝国》，其中有杭州照片三幅 2. 浙江省文物管理委员会编《西湖石窟艺术》，浙江人民出版社，1956年 3. 浙江省文物考古研究所编《西湖石窟》，浙江人民出版社，1986年10月。 4. 王士伦、赵振汉《西湖石窟探胜》，上海人民出版社，1981年	此次考察由何鸿和陈楚男先生完成，其余组员因事未成行。此前何鸿先生于1993年考察过宝成寺麻曷葛剌造像等。
陈楚男	拍摄同等角度的对比照、工作照	处理石窟造像今昔对比图片			

2013年9月24日
何鸿造访吴山宝成寺
时遇宝成寺内部维修大门紧闭
2015年12月
何鸿与陈楚男再度考察拍摄
（右一排宝成寺、左二排天龙寺）

考察宝成寺工作照
2015年12月
何鸿与陈楚男再度考察拍摄

杭州南观音洞佛教造像，现状堪忧。
2013年9月18日
何鸿 拍摄

此页右一排，右页左一排三、四、五图为石观音阁图

杭州吴山石观音阁佛迹寻访

2013年9月26日

何鸿　拍摄

第六次勘察：

时间：2016 年 1 月 19 日全天

地点：灵隐寺、飞来峰、宝石山保俶塔一带

天气：晴冷，气温在零下，冰点，空气通透

周边环境：灵隐寺内僧众较多；保俶塔边人也众多，甚至有攀岩项目等

组长：何鸿

组员：周红（中国美术学院宣传部）

邵雯睿（中国美术学院 2015 级艺术鉴赏专业硕士研究生）

李豪娅（中国美术学院 2015 级艺术鉴赏专业硕士研究生）

陈楚男（中国美术学院影视动画学院摄影专业毕业生）

刘晖阳（中国美术学院基础部大一学生、学院记者团成员）

李雨晨（中国美术学院艺术鉴赏造像与器物专业方向 14 级本科生）

外援导师：赵一豪、毕艳胜

分工：何鸿负责全面统筹安排

邵雯睿、李豪娅负责测绘、勘察、记录、草图等

周红负责拍摄考察视频记录、照片

陈楚男负责摄影（对比照）

人员	工作内容	发现问题	外援线索、支持	参考文献	备注
何鸿	全面统筹拍摄等	1. 发现了旧影中灵隐寺大门右侧的经幢，背后的墙体今非昔比，正碰上维修，拍摄很不方便，如今，六七十年过去大门两边的经幢都还在 2. 在瑞士阿道夫·克莱尔（Adolf Krayer）照片收藏《一个瑞士人眼中的晚清帝国》中发现有1860年灵隐寺大雄宝殿前的香炉，作了同样角度的拍摄 3. 飞来峰布袋弥勒造像中段现已围栏，为了保护禁止进入，以前进入者将佛身抚摸得光滑透亮。还有大部分造像裸露在外，光洁白润，似刚清洗过一样，如飞来峰龙泓洞元代布袋弥勒，或悬于石壁上，难以企及 4. 宝石山一带造像毁损相当严重，基本无全貌造像。	2014年11月何鸿先生在苏东坡纪念馆主持『弘一眼中的东南佛国』钱塘佛影展，赖天兵先生指出灵隐寺的一尊弥勒造像应为宝石山弥勒造像。赖天兵先生对杭州佛教遗存做了大量的研究工作	1. 瑞士阿道夫·克莱尔（Adolf Krayer）照片收藏《一个瑞士人眼中的晚清帝国》，其中有杭州照片三幅 2. 浙江省文物管理委员会编《西湖石窟艺术》，浙江人民出版，1956年 3. 浙江省文物考古研究所编《西湖石窟》，浙江人民出版社，1986年10月 4. 王士伦、赵振汉《西湖石窟探胜》，上海人民出版社，1981年。 5. 赖天兵《汉藏瑰宝——杭州飞来峰造像研究》，文物出版社，2015年12月。 6. 高念华《飞来峰造像》，文物出版社，2002年9月	此次考察由何鸿和陈楚男、邵雯睿完成，其余组员因事未成行。此前何鸿先生多次考察灵隐寺飞来峰
邵雯睿	协助拍摄、测量				
陈楚男	拍摄同等角度的对比照、工作照处理石窟造像今昔对比图片				

杭州胜果寺造像遗存及附近景致
主体佛像损毁殆尽
2013年9月24日
何鸿 拍摄

2015年中国美术学院艺术鉴赏系器物与造像工作室研究生李豪娅、邵雯睿负责杭州佛教造像遗存测绘数据草图等
李豪娅草图、邵雯睿测绘，陈楚男拍摄
2016年3月

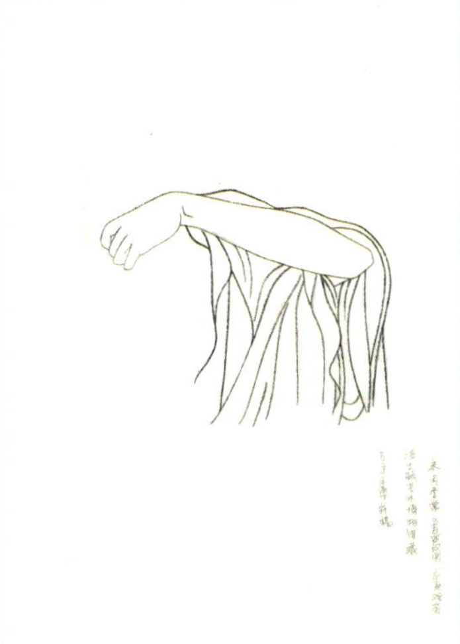

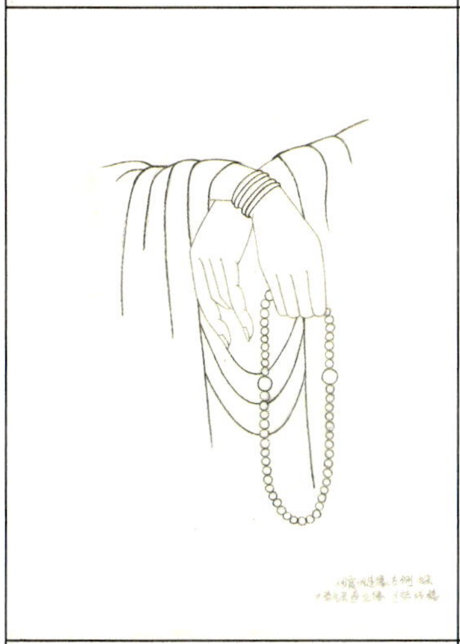

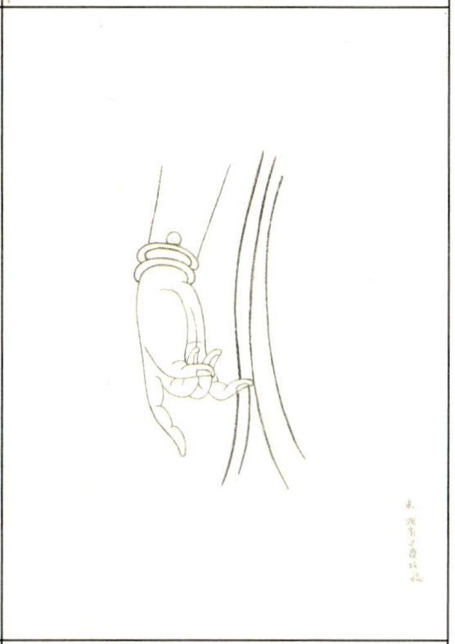
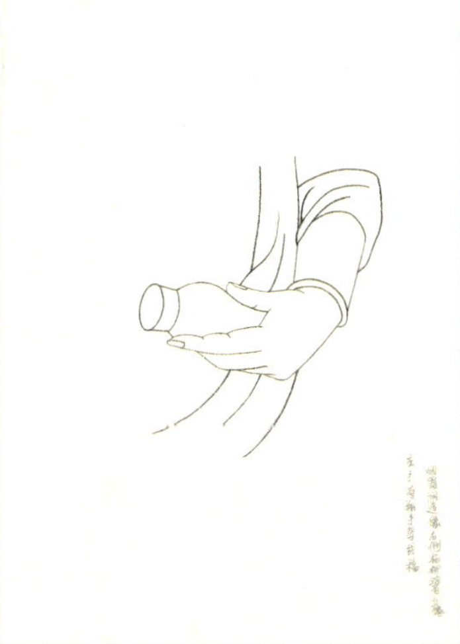
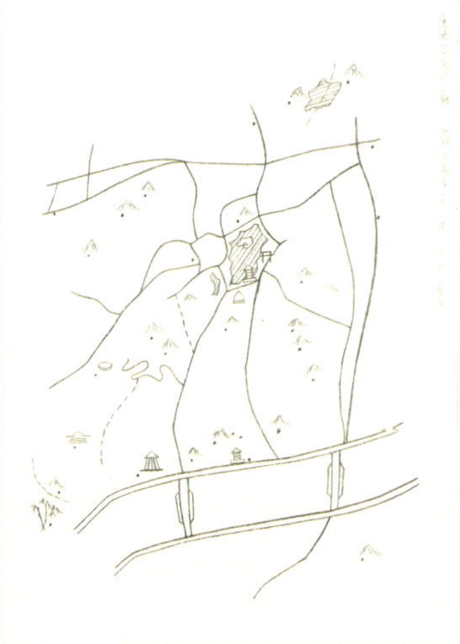
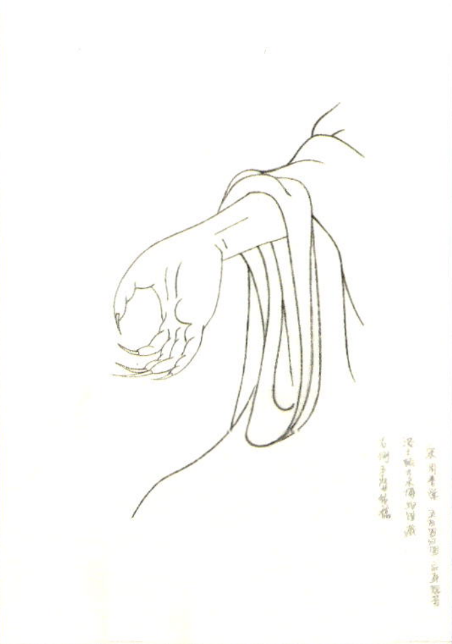
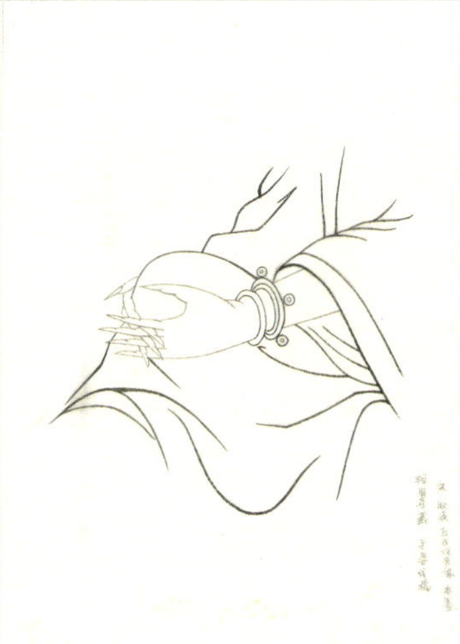
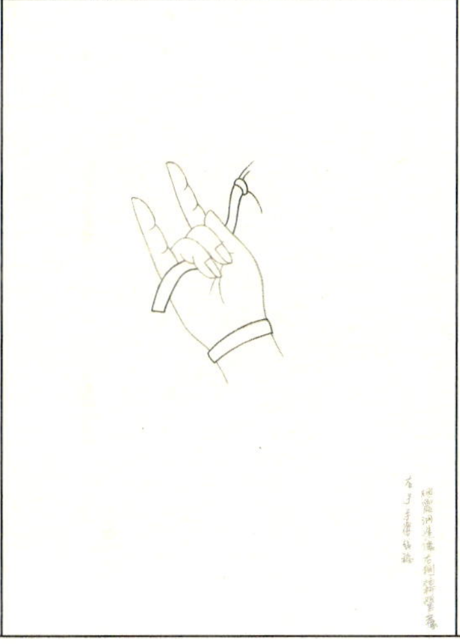

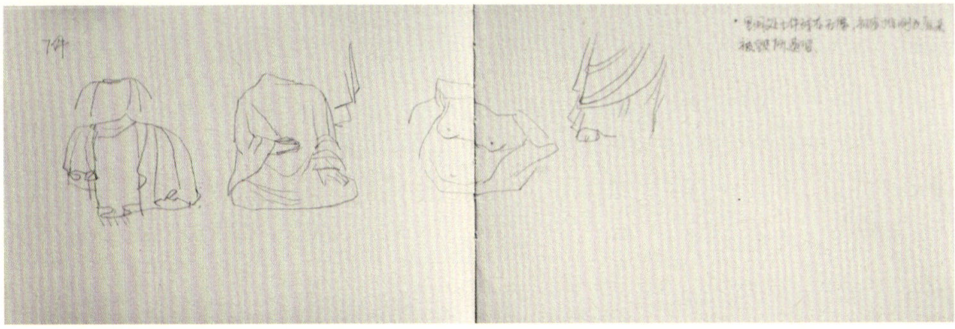

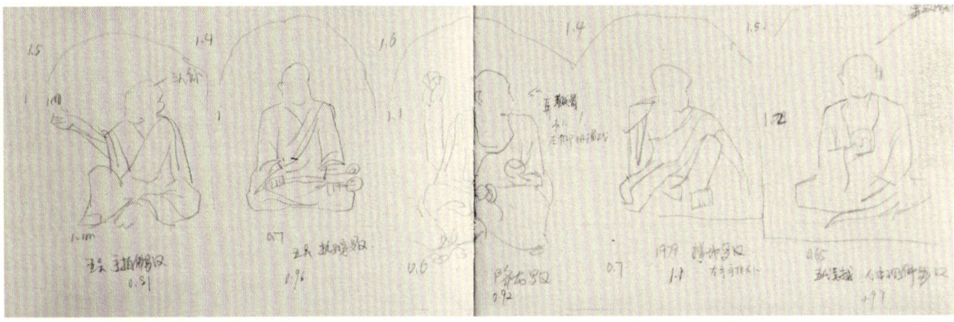

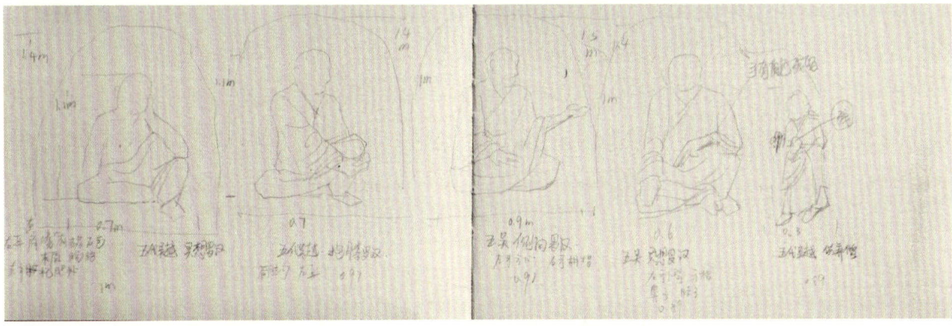

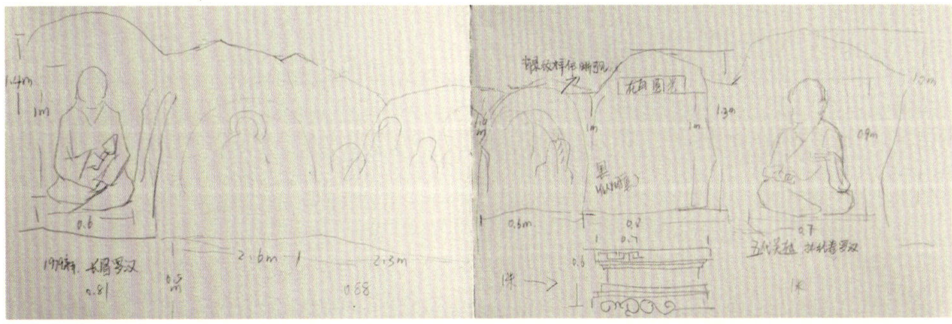

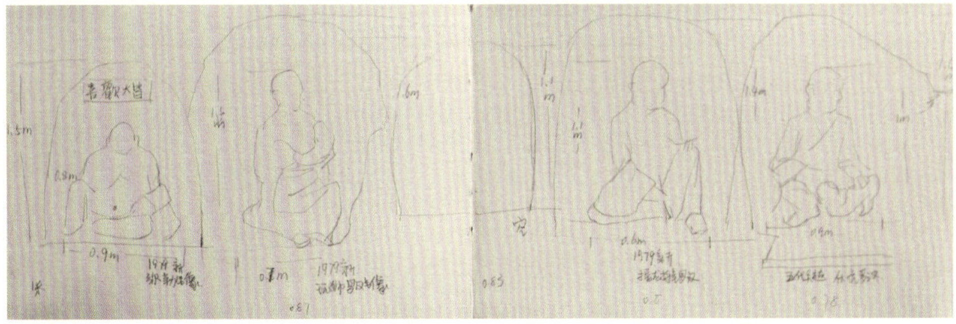

左排四图为邵雯睿所绘图稿，余为李豪娅绘草图

40年代，洞内墙壁罗汉左侧第一排第一个，为盘坐式罗汉。
2015.11.10.同一位置新塑，神态表情以及动态姿势有所改变。
石屋洞中墙壁处有许多小罗汉造像，与40年代旧影对照，多有造型不一，后期重修。

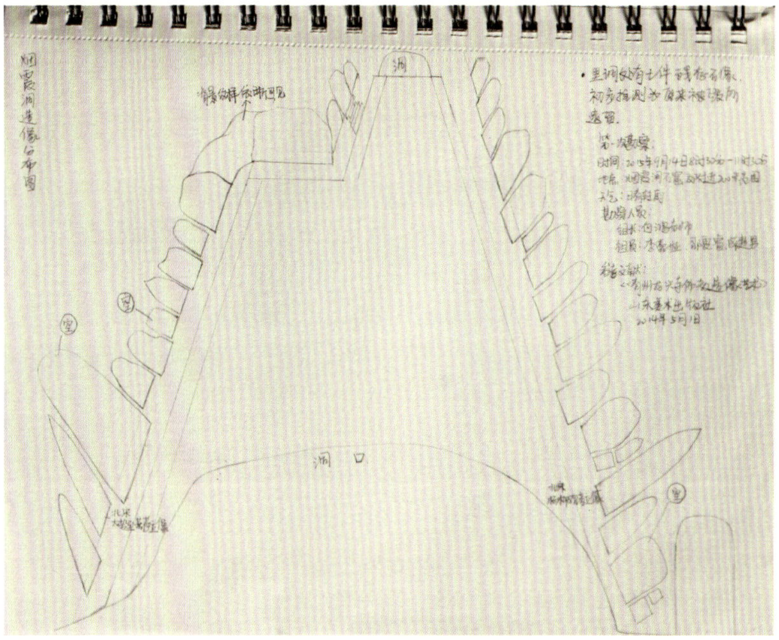

mp.weixin.qq.com

美观 Apple iCloud 新浪网 Pinterest FontRiver

微国美·美育丨“重走梁思成之路”第一站：佛教造像存毁今昔对比之南山石窟群

原创 2015-12-16 CAA新闻中心 中国美术学院

微信扫一扫
关注该公众号

文/ CAA全媒体记者 刘晖阳
摄/ 周红 刘晖阳
编辑/ 廖垣 张雨晴（学生记者）

自2014年8月起，中国美术学院艺术鉴藏系何鸿老师带领一群研究生、本科生开始了名为“重走梁思成之路”的课题研究，搜集古代佛造像的在六、七十年前的纪实影像，对其现今的存毁状况进行对比、梳理和总结，旨在追寻当年梁思成等人在战火中考察、抢拍古建筑资料的精神。希望大家能对这一现状有所了解，同时也呼吁大家能够重视文化保护。

△ 何鸿，1972年生，汉族，浔阳彭泽人。现为中国美术学院副教授、硕士研究生导师。

目前为止，杭州方面的佛教造像损毁对比的梳理工作已经基本完成，纸质书籍即将要出版。接下来还会去山西佛光寺、云冈石窟、河南龙门石窟、重庆大足石窟、巴蜀石窟、甘肃麦积山石窟、敦煌莫高窟、酒泉文殊山石窟、马蹄寺石窟等、海外如日本等地继续考察工作。

自汉始，佛教文化在中华大地有近两千年的传播、演变历史，也深深烙上了中华民族精神和文化的印记，并分出种种宗派，佛像造像及所持器物的形象和意义等也越来越中国化。

习近平总书记在中法建交50周年纪念会上说：“在中国文化复兴的征程上，中国佛教可谓天降大任，任重道远。”前人怀着敬畏、崇拜、祈愿之心塑造了许多佛教造像，为后人留下了宝贵的文化遗产。然而不幸的是，近代以来，中国遭遇多重灾难、战乱、入侵，后又有“文革”冲击，不仅百姓罹难，更是文化浩劫。70多年前的梁思成诸辈在“战乱”时期便预感到中华民族将面临的灾难，在全国各地奔走，田野调研，考察古建筑群，测绘、抢拍资料照片，这些文献就成了现在很宝贵的历史真实纪录。

中国美术学院艺术鉴藏系的何鸿老师深受其触动，2014年8月他同好友浙江创意设计协会副会长赵一豪先生在日本京都、奈良考察古建回来后，便开始带着一群研究生、本科生展开了“重走梁思成之路”这一课题研究。他收集整理20世纪40年代左右的杭州佛教造像的原版资料照片，亲临原址进行佛像损毁对比，并拍摄主题纪录片，旨在追随梁思成先生的文化精神和宗教情怀，为中华文物保护和挽救尽一份力。

如今，我也有幸成为这个课题研究小组的一名成员，参与勘察之余也希望能将课题过程真实报道出来，让更多人了解到佛教造像损毁现状，以及有这样一群人致力于文化遗产的记录与保护。

2015年11月10日清晨，我们从转塘开车出发，目的地是“重走梁思成之路”的第一站——杭州南山石窟群。但这已经是课题组成员们第三次到石窟佛像遗址勘测，今日主要内容是对烟霞洞作最后的记录校正和对石屋洞作测绘工作。

呼吸着山间清新的空气，何老师和我们聊起了为什么要做这个课题。他说：在翻阅《梁思成全集》时，被上世纪30年代一张照片触动了，那张照片上梁思成、刘敦桢缠扶着走在去考察古建筑群的路上，后面是身体虚弱的林徽因拄着拐杖艰难地跟着。何老师说忍不住想要为这种照片配上一句话，“林女士，你快点走啊，后面的日军已经要追来了。”在那个战火纷飞的年代，有这样一群学者走在山野之间，瘦弱的身体撑起的是一种文化人的良知，挺起的是一个民族的脊梁。何老师很想寻找和延续这样的精神，“重走”并不是走梁思成曾经走过的路，而是一种精神上的依恋和追随。

△ 烟霞古洞

杭州的佛教造像遗存主要在南山石窟群，由烟霞洞、水乐洞、石屋洞组成。其中烟霞洞保存稍好，还有不到2/3的造像，主要是五代到宋时期的造像罗汉、大势至菩萨、观世音菩萨等还有留存，而石屋洞则所剩无几，现在能见到的只是后人出资重修的佛像，已远不及原有的精美。水乐洞尽毁无存。除此之外还有灵隐寺对面的飞来峰，吴山上的宝成寺，都还有少量残存的佛教古迹。

△ 何鸿老师在为同学们讲解

佛教石窟造像起源于印度，在公元2世纪后传入中国。为什么要造像呢？这其实是出于人对天、地、祖先的敬畏和臣服之心。有句话叫“天幕遮风雨，偶像避凶邪”。从祖辈起我们就有这样的习惯，这其实也是一种精神的烙印。而且许多人在拜佛像之后喜欢去抚摸一下，这叫“采气”，是一种对神明自然的亲近，有这样的情感和情怀也会情不自禁地想要去守护呵护它们。

△ 何鸿老师拿着照片资料和烟霞洞内现状进行对比

△ 佛教造像存毁状况对比特写

烟霞洞造像雕刻始于五代时期，后有增凿或改凿。洞口有北宋雕刻的观音菩萨、大势至菩萨立像，内有五代吴越国的石雕十六罗汉像12尊，是目前国内发现的最早的石刻十六罗汉像之一。遗憾的是，当年太平军进军杭州时有过一次屠城，毁坏了大量文化古迹，其中就包括烟霞洞。《四库全书》收藏地杭州文澜阁损毁也很严重，据说有人在吃早餐时发现包油条早点的纸上有字，还发现乾隆皇帝的印章，经仔细辩认那是《四库全书》上的纸，后来广泛搜寻那些残书，才得知杭州文澜阁藏书楼也遭毁。何老师手里也珍藏有一本文澜阁被毁后补钞的《四库全书》本《金石经眼录》，已弥足珍贵！在“太平天国”之后又是连年的抗日战争、解放战争，“文革”浩劫，战争对文化的摧残是毁灭性的，现如今的我们只能带着遗憾去追寻和怀想那些残破的古老文化身躯。

△ 石壁上的题记被磨得干干净净

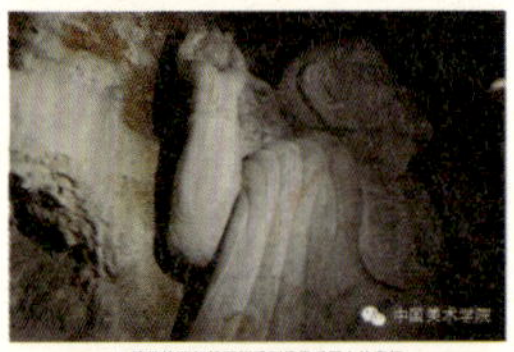

△ 精致的石刻甚至能看到佛像手臂上的青筋

△ 大量被割去佛头的残存的石刻

△ 烟霞洞保安观看了纪录片拍摄过程后提出想要拍下造像被毁前的样子

△ 烟霞洞外全景

走出烟霞洞，何鸿老师又为我们讲解了洞口这块石碑——“烟霞此地多”。光绪二十二年立碑，看得出它上面承载的岁月痕迹。古人除了在书斋读书，还喜欢走出去游历。烟霞和林泉是古代文人的一种情怀。英国的研究中国美术史学者苏立文说“阅历形成哲学头脑”。“阅”是和古人对话，“历”是和自然沟通。而古人留下这么多智慧的文化资源，就能留待我们后人再去思考。

△ 接下来我们来到了石屋洞

石屋洞是烟霞三洞之一，毗邻虎跑路，置身满陇桂雨，地理位置极佳，加上曾经有500罗汉造像，更是为这里的自然环境增加了文化的张力。门口有一副对联，上书“林深容月色，古洞隐春秋”，进门可见大鉴赏家王世襄先生题匾“桂魄流光”的茶室，还有摩崖石刻上题写的字眼“仙境”，一种岁月的沧桑包蕴在自然背后，无不展现出古人的心绪情怀和内心向往。

微国美·美育（截图）『重走梁思成之路』第一站：
佛教造像存毁今昔对比之南山石窟群

△ 烟霞洞存毁对比之一

△ 石屋洞存毁对比之一

△ 烟霞洞的合影

△ 石屋洞前合影

课题研究小组成员：何鸿老师、周红老师、李豪娅、邵雯睿、陈楚男、潘灏贤、刘晖阳

△ 照片资料中曾经的五百罗汉造像

这里在公元944年也就是五代时期，立了五百罗汉造像，在石洞内壁排列有致，小巧却不失精致。遗憾的是，大量造像在太平天国时期被毁，"文革"时期进一步遭到摧残，现如今造像已经所剩无几，只有地势较高的几尊没有被殃及，主尊佛像早已不复存在。所幸香港乐善好施的富商出资重修，虽然不是完全复原造像原本的模样，但也是一定程度上让佛教精神得以延续。

△ 石屋洞内

△ 细节对比可以看出虽然造像被重修但是动作服饰已经不同

△ 飞天也不复存在

△ 与主像对比

△ 何鸿老师为偶遇的荷兰外交官讲解造像历史

△ 题记上仍有依稀可以辨别的字迹 都可以作为佐证

△ 小组成员的工作照

一路上何鸿老师为我们讲解了许多关于佛造像的历史文化知识，小组成员也认真勘测绘图、拍摄多角度的造像存毁的对比图。何鸿老师表示这个调查很重要的意义在于追寻自古以来文化随时代、战争、气候的变化的变异性在哪，而这一点也可以借鉴到其他种类的文化的探索与保护上。

曾经的佛造像文明在战火与无端的人为损毁、偷盗下苟延残喘，令人痛心。所幸如今有这样一群人追寻着前人足迹，努力考据、对比，为消逝的古文明发声，并让它们鲜活起来。仅希望以此报道让更多人了解到这个有意义的课题研究，知悉佛造像的存毁现状，为中华文明的保护与挽救尽绵薄之力。

摄／周红 刘晖阳
编辑／廖垣 张雨晴（学生记者）
2015年12月16日

2013年9月26日
何鸿等拍摄
吴山摩崖佛像石刻遗存
（千佛岩，石观音阁东南方100米开外，
宝成寺后山崖）
现毁损殆尽

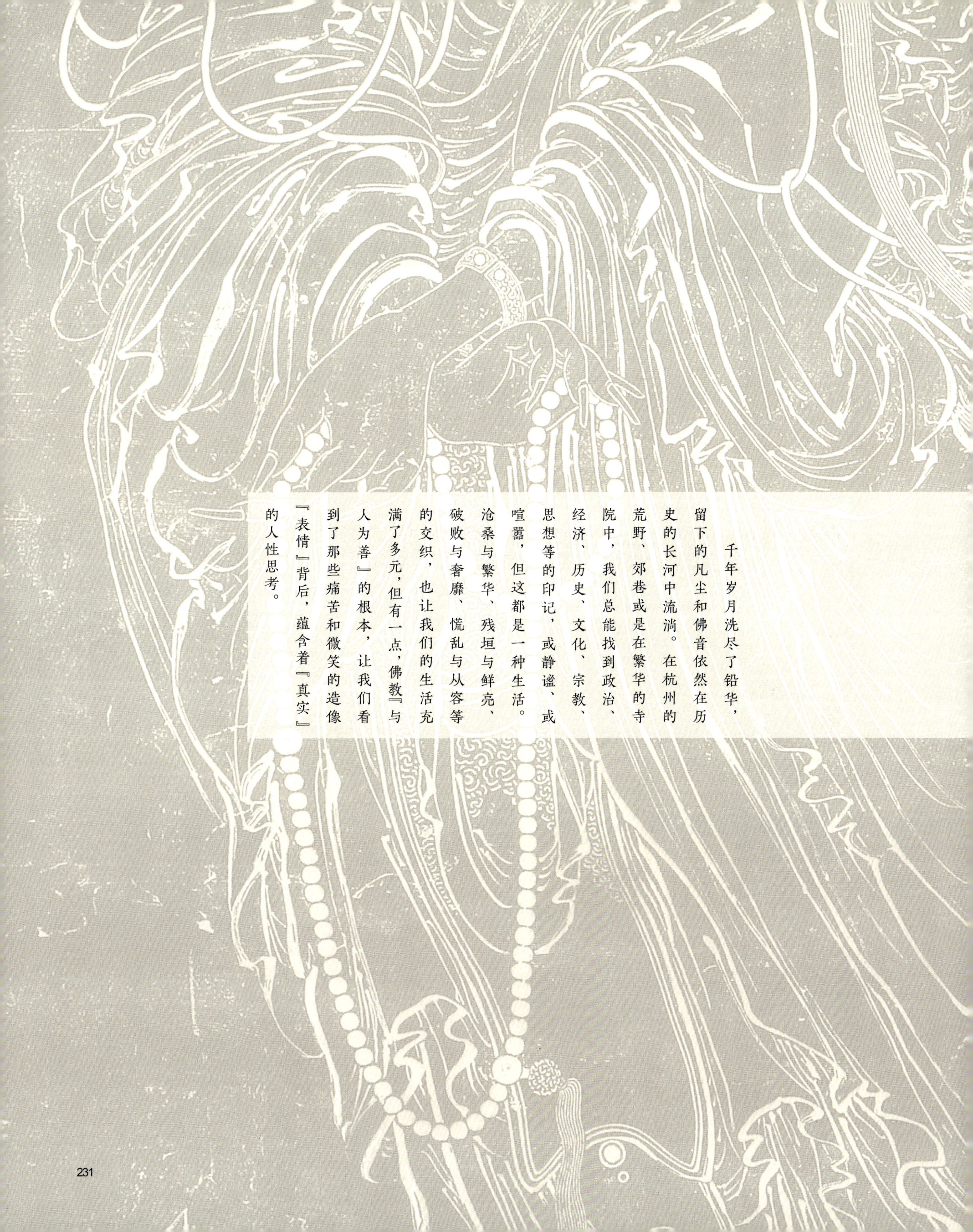

千年岁月洗尽了铅华，留下的凡尘和佛音依然在历史的长河中流淌。在杭州的荒野、郊巷或是在繁华的寺院中，我们总能找到政治、经济、历史、文化、宗教、思想等的印记，或静谧、或喧嚣，但这都是一种生活。沧桑与繁华、残垣与鲜亮、破败与奢靡、慌乱与从容等的交织，也让我们的生活充满了多元，但有一点，佛教『与人为善』的根本，让我们看到了那些痛苦和微笑的造像『表情』背后，蕴含着『真实』的人性思考。

丝路旧影　丛书

总顾问：王　赟
总策划：黄　骏
总主编：胡惠君

重走梁思成之路：西湖石窟佛影今昔

顾　问：光泉法师　章利国　陈步一　赵一豪
　　　　李佰虎　卢　勇　谢成水
主　编：何如珍
副主编：毕艳胜
著　者：何　鸿

编　委：

胡惠君　黄　骏　王　谦　李　梅　申　博　周　红
赵　怡　胥　滨　徐爱军　朱国华　吴植军　何如珍
何　鸿　朱东高　张煊傈　熊永松　李豪娅　邵雯睿
陈楚男　芮　樱　臧志成　王　燕　邹晓辉　李雨晨
刘晖阳　赵一豪　毕艳胜　陈彦言

该著为中国美术学院艺术鉴藏实验室教学研究课题之一，中国美术学院西域文化艺术研究中心研究课题，并得到中国国家工美协会、浙江省社科联、中国美术学院 2016 年重点高校建设经费资助和支持

重走梁思成之路：西湖石窟佛影今昔
课题组主要成员：
何　鸿
李豪娅（2015 级艺术鉴藏系硕士研究生）
邵雯睿（2015 级艺术鉴藏系硕士研究生）
陈楚男
周　红
刘晖阳

何鸿简介

1972 年生，汉族，浔阳彭泽人
祖辈世代书香，好书法和古物鉴赏
现为中国美术学院副教授、硕士研究生导师，国家工美协会常务理事
1991 年羁旅杭州，在杭州塑料泡沫材料厂工作两年有余
1993 年考入浙江美术学院（现中国美术学院）美术学系本科
1997 年宁波大学任教
2000 年调至上海朵云轩，期间在上海戏剧学院和上海大学任教
2004 年回中国美术学院艺术品鉴藏与保护专业任教

主持参与课题和获奖有：

一、《浙江历代书画鉴藏和鉴藏家印鉴》（浙江省哲学社科课题，2012 年获浙江省哲学社会科学优秀成果奖二等奖）
二、《域外浙瓷》（2008 年，获浙江省高校科研成果奖二等奖）
三、《浙江青瓷史》（2011 年浙江省社科联第三届社科研究优秀成果奖二等奖）
四、《浙江杭州古代佛教雕塑遗存调查》（2013 年浙江省社会科学界联合会年度课题）

著述：

《穿越敦煌——莫高窟旧影》《穿越敦煌——美丽的粉本》《艺术品市场案例分析和投资指南》《中国收藏学概论》《浙江历代书画鉴藏及鉴藏家印鉴》《域外浙瓷》《艺术品市场研究与管理》《中国鉴藏家印鉴大全》《越窑青瓷文化史》《浙江青瓷史》《艺术概论新编》《海派绘画识真》《近现代书画家市场行情速查》《钱镜塘常用印》等
此外在《台北故宫文物月刊》《陶瓷研究》《景德镇陶瓷》《中国陶瓷》《佛山陶瓷》《南方文物》《荣宝斋》《世界美术》《美术观察》《艺术当代》《书与画》《收藏家》《典藏》《收藏》《艺术市场》《艺术探索》等专业杂志发表论文 50 余篇

图书在版编目（CIP）数据

重走梁思成之路：西湖石窟佛影今昔 / 何鸿著. -- 杭州：中国美术学院出版社，2016.2

（丝路旧影 / 何如珍主编）

ISBN 978-7-5503-1063-6

Ⅰ.①重… Ⅱ.①何… Ⅲ.①石窟—佛像—雕塑—研究—杭州市 Ⅳ.①K879.294

中国版本图书馆CIP数据核字（2016）第043633号

责任编辑　章腊梅
特邀编辑　何如珍
装帧设计　西九楼
责任校对　朱　奇
责任印制　毛　翠

重走梁思成之路：西湖石窟佛影今昔

何如珍　主编
何　鸿　著

出 品 人：祝平凡
出　　行：中国美术学院出版社
地　　址：中国·杭州南山路218号
邮政编码：310002
网　　址：http:// www.caapress.com
经　　销：全国新华书店
印　　刷：浙江省邮电印刷股份有限公司
版　　次：2016年7月第1版
印　　次：2016年7月第1次印刷
印　　张：30
开　　本：787mm×1092mm 1/8
字　　数：80千
印　　数：0001-2000
书　　号：ISBN 978-7-5503-1063-6
定　　价：188.00元